U0937584

黄小瑞◎著

起点决定高度？

家庭社会经济地位对学生学业发展的影响

华东师范大学出版社

图书在版编目（CIP）数据

起点决定高度?：家庭社会经济地位对学生学业发展的影响/黄小瑞著．—上海：华东师范大学出版社，2018
ISBN 978 - 7 - 5675 - 8512 - 6

Ⅰ．①起… Ⅱ．①黄… Ⅲ．①社会经济条件-家庭社会学-影响-学习成绩-研究 Ⅳ．①G424.7

中国版本图书馆 CIP 数据核字（2018）第 270571 号

起点决定高度?
——家庭社会经济地位对学生学业发展的影响

著　　者　黄小瑞
责任编辑　王冰如
装帧设计　卢晓红

出版发行　华东师范大学出版社
社　　址　上海市中山北路 3663 号　邮编 200062
网　　址　www.ecnupress.com.cn
电　　话　021 - 60821666　行政传真 021 - 62572105
客服电话　021 - 62865537　门市（邮购）电话 021 - 62869887
地　　址　上海市中山北路 3663 号华东师范大学校内先锋路口
网　　店　http：//hdsdcbs.tmall.com

印 刷 者　杭州日报报业集团盛元印务有限公司
开　　本　787×1092　16 开
印　　张　14.25
字　　数　156 千字
版　　次　2018 年 12 月第 1 版
印　　次　2018 年 12 月第 1 次
书　　号　ISBN 978 - 7 - 5675 - 8512 - 6/G · 11621
定　　价　38.00 元

出 版 人　王　焰

（如发现本版图书有印订质量问题，请寄回本社客服中心调换或电话 021 - 62865537 联系）

本书系2016年教育部人文社会科学研究青年基金项目“初中生学习焦虑指数及预警机制研究”（项目号：16YJC880020）的部分成果。

致　谢

家庭是学生成长最重要的一部分，但这一重要性具体体现在哪里，又是如何体现的呢？本书尝试利用美国幼儿园和小学生的公开数据和中国初中生的数据，描述家庭因素是如何对学生学习产生影响的。

在写作的过程中，我深刻地体会到，要流畅地把想要表达的意思转化成文字是多么不容易！从落下第一个字开始到打上最后一个句号，这种不易贯穿始终。直到现在，本书依然存在很多不完美的地方。在写作的过程中，我得到了很多人的帮助，没有这些帮助，这本书是不可能完成的。

这本书的一部分由我的博士论文修改而来，因此，首先感谢我的导师，香港中文大学侯杰泰教授、赵明明教授的无私指导！是你们不断给予的帮助完善了我的想法，才能使我顺利完成博士论文的写作。

感谢华东师范大学课程与教学研究所各位老师的指导、支持和帮助！我是学量化研究方法出身的，与课程与教学论专业虽有距离，但承蒙各位师长不弃，一直鼓励我发挥所长，将两个领域结合起来，做有自己特色的研究。在这样一个集体奋进、成就斐然的团队中，我也从不敢懈怠，唯孜孜以求方能答谢各位师长的鼓励和教导。本书在写作过程中得到多位师长的帮助，感激之情难以言表！

感谢游鑫博士，非常细心严谨地通读了全文，并就文章的结构、逻辑及语言表达提出了宝贵的意见。

感谢华东师范大学出版社的王冰如编辑，没有她的智慧和心血就不可能有本书的如期出版，她扎实的专业素养和对作者负责的态度给我留下深刻的印象，同时也感激本书出版过程中她对我的宽容和理解。

感谢我的家人，你们一直以来的支持和陪伴是我成长的动力！感谢的我爱人林少鹏在我写作过程中的陪伴和支持，没有你的鼓励，这本书的出版或许还需更多的时间。

最后，感谢本书的读者。作为还在自我修炼的“青椒”，这是我的第一本书，必然存在不当之处，恳请各位不吝赐教，帮助我更快、更好地成长。

目　录

前　言

学前儿童和小学生每天至少有三分之二的时间在家中度过，家庭是儿童活动最重要的场所。家庭教育是目前国家改革重点关注的研究问题。2010 年，教育部会同全国妇联等部门印发《全国家庭教育指导大纲》，该大纲根据各年龄阶段儿童的心理特征给出家长指导。2015 年，教育部印发《关于加强家庭教育工作的指导意见》，对加强家庭教育进行了全面部署，要求“学校普遍建立家长委员会，密切家校沟通配合，积极发挥家庭的德育第一课作用”。《上海市人民政府关于深入推进本市义务教育城乡一体化改革促进优质均衡发展的实施意见》（沪府发〔2018〕2 号）中指出：“优化城乡家庭教育指导服务体系，构建市、区、校三级联动，线上线下相结合的家庭教育指导服务网络，重点改善郊区学生家长家庭教育理念和方法。”可见，家庭教育越来越受国家的重视。但在目前的现实中，正如边玉芳等（2016）所言，“国内家庭教育研究及实践，有待深入……实践领域呈现出一定的盲目性”。因而，研究家庭如何影响学生学习具有重要的理论和实践意义。

关于这个主题的研究，西方已经积累了大量的实证研究成果，值得我国借鉴。1966年，美国学者詹姆斯·科尔曼（J. Coleman）在题为《关于教育机会平等》（Equality of Educational Opportunity）的报告中指出，家庭社会经济地位是影响学生学习最重要的因素，由此引发了关于家庭社会经济地位对学生学习影响的研究热潮。

1982年，肯尼斯·怀特（K. White）收集了1980以前发表的关于家庭社会经济地位与学生学业成就关系的近200篇量化文章，并做了元分析（Meta-analysis），结果发现，随着学生进入高年级，家庭社会经济地位与学生学业成绩之间的关系越来越弱。用同样的方法，西林（Sirin，2005）收集了发表在1990—2000年关于家庭社会经济地位与学生学业成绩之间的量化文章，结果发现家庭社会经济地位与学业成绩之间的关系，随年级的增加，越来越大；但在高中的时候，这个关系开始减弱，程度与小学差不多。这两个研究得出的结论截然不同，原因何在？

一直以来，家庭社会经济地位对学生学业成绩的影响存在争议。引发争议的原因主要有四个：(1)对家庭社会经济地位的定义不一致；(2)大多研究都是基于截面数据，没有考虑到年龄的因素；(3)没有考虑到学科性质的差异；(4)没有考虑到外来资源与家庭社会经济地位的竞争和补充。

学生每天大约有四分之一的时间在校学习和玩耍（Hattle，2009），同伴的特征也会对学生学业发展产生影响（Chiu & Zeng，2008；Hattie，2009）。科尔曼指出，同伴的背景是学校中影响学生学业成绩的最重要因素（Coleman et al，1966）。同伴社会经济地位与家庭经济地位不同，是同伴的所有特质中最重要的特征。研究者发现在中学阶段及14岁学生，同伴社会经济地位对学生的学业成绩的影响比家庭社会经济地位更高（Caldas & Bankston，1997；Chiu & McBride-Chang，2006；Chiu & Zeng，2008）。但同伴社会经济地位如何影响学生的学业成绩，这种影响是否会随年级的上升而发生变化，是否与具体的科目有关，又是否会影响到家庭社会经济地位与学生学业之间的关系？

基尔伯恩（Kilburn，1993）认为个体的社会网络比个体自身的特征能更好地预测学生的行为和态度。对于学生来说，同伴是最重要的社会网络。与跟自己学业能力相近的同伴在一起，还是与跟自己能力相差较大的同伴在一起，更能够提高学业成绩呢？这始终是一个具有争议性的问题。从这个视角来看，同伴的学业成绩差异影响学生本身的学业成绩，是否跟学生的年级有关系，跟具体的科目有关系？是否会影响到家庭社会经济地位与学生学业之间的关系？

针对上述问题，本书采用美国幼儿追踪数据—幼儿园队列（Early Childhood Longitudinal Study-Kindergarten Cohort，ECLS），综合考虑学生进入幼儿园到小学五年级的各项发展指标，并使用多水平模型（Multilevel Modelling）进行系统研究。本书首次从发展的角度，从理论和实证上探讨家庭社会经济地位及同伴经济地位对学生学业成绩的影响。具体包括三个方面：(1)家庭社会经济地位对学生学业成绩的影响随年级的变化趋势，这种变化趋势与具体学科的关系。(2)同伴家庭社会经济地位对学生学业成绩的影响随年级的变化趋势，这种变化趋势与具体学科的关系；同伴家庭社会经济地位对家庭社会经济地位与学生学业成绩的调节作用，及这个调节作用随年级的变化趋势。(3)能力分组对家庭社会经济地位与学生学业成绩之间关系的调节作用，及这个调节作用与年级、学科的关系。

本书的架构安排如下："家庭社会经济地位"作为本书的核心概念，第一章第一节专门就家庭社会经济地位的概念、测量及合成方法进行了专门的论述。第一章第二节从理论上梳理了家庭社会经济地位与学生学业成绩之间的关系，家庭社会经济地位如何影响学生学业成就及可能的影响机制。第一章第三节梳理了同伴社会经济地位对学生学业成就的影响的文献。第一章第四节梳理了能力分组对学生学业成就的影响，以及能力分组对家庭社会经济地位与学生学业成绩之间关系的调节效应。第二章基于第一章总结的研究问题，介绍了本书所用的数据、变量及分析使用的统计模型。第三章报告了统计分析的结果。第四章针对这些结果展开分析和讨论。第五章是扩展研究，采用中国家长的数据，探索家长参与类型与学生学习结果的关系，以及在家庭社会经济地位上的差异。第六章结语回顾了全书研究结论，探讨并展望了家庭社会经济地位影响学生学业发展机制的相关研究，及其在学理与实践中的价值。

上述研究虽然主要是基于美国数据的考察，但在扩展性研究中，来自中国家长的数据亦表明了家庭社会经济地位与学生学习结果之间存在直接关联。正如本书书名提出的问题"起点决定高度?"，家庭社会经济地位在导致儿童学业差异和影响学业公平中发挥了重要的作用，但这一作用是决定性的吗？它又是如何发挥作用的？只有深化对这些问题的研究，才能正视家庭因素在调节和改变学生学业差距中的作用，促进儿童学业真正地、公平地发展。

第一章
理论基础与文献回顾

家庭社会经济地位（Socioeconomic Status，SES）是儿童和青少年发展领域的核心概念。家庭社会经济地位影响学生发展的基本理论假设：不同家庭社会经济地位的儿童获得的资源（经济资源、人力资源及社会资源）不一样，来自低社会经济地位家庭的儿童可能由于无法获得足够的资源而出现发展上的缺陷（Brooks-Gunn & Duncan，1997）。家庭社会经济地位影响学生发展问题，一直备受研究者关注。科尔曼报告《关于教育机会平等》指出，家庭社会经济地位是影响儿童发展的最重要因素。正是这一结论引发了学界关于家庭社会经济地位与学生发展两者间关系的讨论热潮（Coleman et al.，1966）。

第一节 家庭社会经济地位的定义和测量[①]

家庭社会经济地位的定义和测量可以“社会经济地位”这一常见的社会学和经济学概念为抓手。社会经济地位是一个复杂的概念，其表征和测量指标更为复杂。尽管目前已经发展出众多的测量指标、方法，然而随着地域、文化和时代的变化，社会经济地位呈现出更为丰富、复杂的内涵和表征方式。下文将分别对社会经济地位的三个方面——金融资本、人力资本和社会资本的测量指标及其合成方式进行梳理，并指出目前社会经济地位相关研究在测量指标及合成方法方面的不足。

一、家庭社会经济地位的维度

社会经济地位是指个体在社会中的经济及社会地位，而家庭社会经济地位是指一个家庭的经济收入状况、社会声誉地位及社交网络，是由家庭成员（通常指父母）的社会经济地位综合而成。家庭社会经济地位

① 本节内容已发表，详见：黄小瑞．社会经济地位的测量指标及合成方法［J］．全球教育展望，2014，43(2)，82—92. 录入本书时有所修改完善。

的高低影响个体可利用资源的多少。科尔曼指出社会经济地位由三个部分组成：金融资本（Financial Capital）、人力资本（Human Capital）及社会资本（Social Capital）。这三个维度同样涵盖了家庭社会经济地位的主要方面，并得到社会学家及发展心理学家的认可（Coleman，1988）。三者紧密联系，金融资本的增长将促进人力资本的发展及社会资本的获取，人力资本的增长有助于金融资本的获得及社会资本的获取，而社会资本的增长会促进人力资本的发展和金融资本的获得。以下分别介绍这三个方面的定义和测量。

（一）金融资本的定义及测量

金融资本也称“物质资本”，是指家庭所拥有的财富。它为学生提供衣、食、住、行及学习上的相应物质条件（如学习设备与空间、学习资料及课外辅导等）。家庭的物质资本一般采用家庭总收入或家庭人均收入加以表征，但家庭总收入无法准确表征一个家庭物质资本的高低。因为对于同样收入的家庭而言，生活条件跟家庭成员数有关。相对而言，采用家庭人均收入来表征家庭物质资本更为合理。由于家庭收入与家庭对子女的教育投入不一定成正比，也有研究者建议采用家庭对子女的教育投资来表征家庭物质资本（Mayer，1997）。故若研究目的是为表征家庭社会经济地位，则采用家庭人均收入而非家庭教育投入更为合理；若研究目的是考察教育投入对子女学习的影响，则将家庭的教育支出作为指标更为合理。

收入是一个敏感又不稳定的测量指标。由于敏感性，受测者有可能不愿意或者觉得隐私被冒犯而拒绝回答此类问题（Duncan，1988；

Entwisle & Astone，1994；Hauser，1994）。同时，基于不同的工作状态（兼职、短暂失业等），家庭收入可能又是不稳定的（Duncan，1988）。基于此，研究者往往利用其他方式间接测量家庭收入。其中一种方式是给定收入范围（比如家庭人均年收入为0—2万、2万—4万和4万—6万等），让受测者自行选择。通过避免提供具体收入数目，受测者更愿意回答（Hauser，1994）。第二种方式是测量家庭所拥有的物品。柯里（Currie，1997）开发了家庭富足量表以测量家庭收入这一敏感信息。该测量方式可以让受测者更加真实、客观地展现家庭的物质条件，从而测量其家庭收入状况。相比于直接询问家庭收入，这些测量方式更为客观且可观察。由于大部分学生对家庭收入不了解或不知道，该方法也更适于学生问卷。

（二）人力资本的定义及测量

家庭人力资本是指家庭能够提供给子女的潜在认知环境、精神支持和家庭文化氛围等资源。这些资源与家庭成员的受教育程度及父母花在子女生活和学习上的时间、精力有关，被认为可促进子女的学习及智力发展。

受教育程度反映了一个人所获得的知识水平及文化品位（Hollingshead，1975），影响个体的职业选择，从而影响其作为父母的教育信念、行为及自身生活方式。该指标在个体步入成年时已基本保持稳定（Gottfried，1985；Hollingshead，1975），且在不同种族、不同文化中同样有效（Alwin，1984；Duncan & Brooks-Gunn，1997），是测量家庭社会经济地位普遍使用的一项指标（Ensminger & Fothergill，

2003；Entwisle & Astone，1994）。父母亲受教育程度影响子女潜在的可利用的认知资源（如子女与父母交流言语在形式及内容上的丰富性），从而影响子女在语言及社会情绪等方面的发展（Bradley & Corwyn，2002）。

受教育程度的测量一般有两种方式，即学历和教育年限。询问受测者的学历（小学、初中、高中、大专、本科、硕士和博士毕业）是较简单快捷的方式。然而，这种方式对于那些只完成部分学业但未完成整个教育阶段的受测者不公平，比如受测者大学阶段放弃了学业，其学历为高中毕业，但其受教育程度又比一般高中毕业的人高。为弥补该方式的缺陷，可以通过询问完成特定教育阶段的方式来测量受教育程度。霍林斯黑德（Hollingshead，1975）使用7个等级来询问家长的受教育程度：低于7年级的教育、初中（7—9年级）、完成部分高中学业（10或者11年级）、高中或者同等学力、接受过大学教育（至少一年）、大学毕业、接受过研究生教育。美国幼儿追踪数据则将受教育程度分得更加细致，涵盖接受过8年级或者8年级以下的教育、接受过9—12年级的教育、接受过高中或者同等学力的教育、职业教育、大学教育、具有本科学位、接受研究生教育（但是没有学位）、具有研究生学历，具有博士或者专业学位等9个等级（Tourangeau，Nord，Lê，Sorongon，& Najarian，2009）。为使国家与国家之间的受教育程度可比，基于国际公认的概念、定义和分类系统，及对世界各国教育课程和相关资格证书所进行的图谱分析，UNESCO开发了国际教育分类标准（International Standard Classification of Education，ISCED）。该标准将受教育程度划分为8个水平，各水平之下还有具体的子类别（ISCED，2012）。PISA即采用该分类方法对父母的受教育程度进行调查。

家庭结构和父母婚姻状态也影响着人力资本的获得。父母拥有的资源（时间、精力、金钱等）有限，随着兄弟姐妹数量增加，分配在各个子女身上的资源逐步减少（Downey，1995）。一般而言，兄弟姐妹越多的家庭，子女得到父母的关注就越少，其可利用的人力资源（父母陪伴子女的时间和精力）也会相应地减少（Morrow，1999）。此外，子女在兄弟姐妹中的排行也会影响其所能获得的人力资本（Chiu & Zeng，2008）；而与祖父母或外祖父母同住则会增加儿童的人力资本。家庭结构的测量通常通过问卷询问兄弟姐妹数量、家里的排行、是否与外/祖父母一起住、平时跟谁相处的时间最长等。父母的婚姻状态同样影响子女可利用的资源（Coleman，1989）；离异家庭中的智力资源、经济资源及社会资源也会相应减少。其测量方式主要是通过问卷询问父母的婚姻状态（已婚、离异、丧偶和未婚）、是否为孩子的亲生父母等问题。

（三）社会资本的定义及测量

社会资本（Social Capital）是指有利于个体行为和发展的社会资源（Coleman，1988）。不同于人力资本及金融资本，社会资本侧重于个体所处的社会网络，即人际关系。社会资本借助人际间的语言、信任、道德规范、责任、纽带及身份认同，使人与人之间的交流和融合得以进行。人们可以通过人与人之间的联系获得信息和机会方面的优先权（Boissevain，1974）。社会资本的形成通常通过三个方面——工作形成的社交网络、共同的教育经历形成的社交网络（比如同学和校友等）、家庭关系及居住社区形成的社交网络实现。

职业是社会资本的一个典型测量指标。职业（Occupation）通常是指个体赖以谋生的技能或手段，也是个体所拥有的技能和权力（Hollingshead，1975）。该指标在成年后表现相对稳定（Hauser，1994；Hollingshead，1975；Otto，1975）。个体所从事的职业影响该个体的收入、社交网络及社会地位；工作性质影响该个体的生活状态、生活理念、行为方式、养育行为等（DeGarmo，Forgatch，& Martinez，1999；Kohn & Schooler，1983；Menaghan & Parcel，1991）。职业作为社会经济地位的指标之一，也有其局限性，比如职业和名望之间不对等（Crompton，1993；Kilbourne，England，& Beron，1994）。

社会资本受个体居住社区、就读学校及参加团体活动等因素影响。社区的属性与学生的成长有很大的关系（McLoyd，1998）。居住社区是否具有安全感、居住社区的富裕程度和人们的平均受教育程度等都会影响到儿童社会资本的获得。研究发现，居住在贫困社区的青少年怀孕率、犯罪率比其他社区高（Mayer & Jencks，1989）。社区属性的测量通常是让受测者提供家庭居住地址，以该社区的房价、设施、受测者的搬家次数和居住年限等来表征。

学生就读学校的资源（物质资源、师资资源及同伴资源等）、师生关系、生生关系等同样影响学生能够获得社会资本的程度。好学校通常指教育经费充足、教学条件好和学生质量高的学校。好学校的学生可利用资源（物质、智力及社会资源）更多，比如丰富的学习资源、更好的同伴资源及经验丰富的教师。有研究指出学校的社会经济地位对学生学习影响的效应大于个体家庭社会经济地位对学生学习的影响（Santiago et al.，2008）。1997 年，卡尔达斯（Caldas）和班克斯顿（Bankston）

指出同伴的家庭社会经济地位与个体的家庭社会经济地位对学生学习的影响效应接近。2006 年，赵和麦克布赖德-张等通过对 43 个国家 15 岁学生的研究发现，同伴社会经济地位是阅读成绩的一个非常有效的预测变量（Chiu & McBride-Chang，2006）。麦克尤恩发现同班同学母亲的平均受教育程度是影响学生学习的一个重要的决定性变量（McEwan，2003）。学校社会经济地位的测量一般采用学校的教育投入（教育经费）表征学校的物质条件，采用该校统考平均成绩表征学生的整体水平。

家长参与学校活动及家庭参加社会活动等有利于增加学生的社会资本。通过参加团体活动扩大交际面，是儿童获得社会资本的一种方式。科尔曼（Coleman，1988）发现宗教学校的辍学率比私立学校的低，进一步调查发现，宗教学校的家长与家长之间有更多的交流，能够了解彼此子女的动向，可以互相帮助看管对方的子女；而私立学校的绝大部分家长没有宗教信仰、工作较忙，家长之间很少或几乎没有互动。此外，随着年龄的增长，学生开始接触不同的同伴，受到同伴的影响并间接受到同伴家庭文化的影响。当孩子进入学校后，他们跟同伴及教师互动，参加各种兴趣小组、课外教育、社会活动等，从而增加了获取学习资源的机会。团体活动的测量方式是询问孩子是否参加过兴趣小组、课外补习活动、社会团体活动等，及参加这些活动的频率。

总之，家庭社会经济地位由三个维度组成：金融资本、人力资本及社会资本。这三个维度并非互相排斥，而是存在较高的相关性。某个指标有可能同时测量到家庭社会经济地位的两个或三个方面，如父母的受教育程度既是表征人力资本的一个重要指标，也影响学生社会资本和金融资本的获得。每个维度有不同的测量指标，家庭社会经济地位通常是由这些指标中的一个或多个指标合成而得，由此也发展出不同的合成方法。

二、家庭社会经济地位的合成

家庭社会经济地位的表征方式经历了较长的摸索过程，从简单到复杂、从单一到多样、从简单的自评、他评相结合，发展到采用多种指标合成、相对客观的评价体系。然而，由于跨区域和跨国家比较的需要，测量家庭社会经济地位的指标越来越多，使得家庭社会经济地位的表征、合成日益成为一个相对复杂的问题。目前，研究与实践中已形成多种家庭社会经济地位的合成方法。

（一）采用自评及他评表征

1960 年，沃纳（Warner）采用将简单的个体自我评价及他人评价个体在社区或团体中的相对家庭社会经济地位相结合的办法，来决定个体的家庭社会经济地位。若自评和他评的结果不一致，则该个体的家庭社会经济地位计为无效数据。该方法无需通过多个指标合成，应用起来简单、方便，但由于这种方法建立在自评及他评的评价量尺一致的前提下，而这一假设很难成立且无法验证，更难以应用于大样本或跨区域比较的情境，因此应用的局限性较大。

（二）采用职业声望表征

父母的职业声望是表征家庭社会经济地位的一种方式。职业声望的测量是将不同的职业按照其社会地位从高到低排列，用来表征个体的社会经济地位。国际上测量职业声望的研究较多，有职业声望量表（Siegel，1971）、国际标准职业声望量表（Treiman，1977；Ganzeboom & Treinman，1996）等。职业声望测量通常采用布劳（Blau）和邓肯（Duncan）的方法。1992 年，中尾（Nakao）和特雷斯（Treas）使用布劳和邓肯（Blau & Duncan，1967）的方法，将 1 500 个成年受测者随机分为 12 组（其中 10 组是让受测者评价职业声望，2 组是评价民族声望），每组受测者采用 1—9 分制量表（9 表示社会地位最高，1 表示社会地位最低）评价 110 个职业的声望，包括给定的 40 种相同职业及随机分配的 70 种不同职业。研究者通过 10 组受测者对 40 个相同职业的评价，来判定每组受测者评价职业时的一致性程度。最后以职业声望的平均分作为因变量，使用收入和受教育程度作为预测变量，进行回归分析；将所得的回归系数作为收入和受教育程度的回归系数，计算得到各个职业的职业声望分数，以此表征家庭社会经济地位（Nakao & Treas，1992）。1997 年，豪泽（Hauser）和沃伦（Warren）对以往发表的职业声望量表进行修正，增加了性别及工作状态，从而使得职业声望这一指标更加完整，并具有更为广泛的适用性。

由于中西文化的差异，中国人对社会地位的评价更加复杂。受教育程度和收入对中国社会经济地位的解释力较低。中国学者对布劳和邓肯的回归方程进行改进，使得测量所得的社会经济地位更加符合中国实际：林和谢在回归方程中增加“是否非体力劳动者”这一变量，对职业声望变异的解释增加了 2%（Lin & Xie，1988）；许欣欣（2000）加入“权力变量”后，其对职业声望方差的解释增加了 6%；李春玲（2005）加入“权力变量”、“部门因素”及“社会歧视因素”，其对职业声望方差的解释增加了15%。由此可见，在中国文化背景下，家庭社会经济地位更加复杂。权力因素、部门因素及社会歧视因素也是表征社会经济地位的主要指标，也就是说，除了受教育程度、收入及工作等指标外，还需要考虑工作类别（高级管理者、中层管理者、基层管理者）及单位性质（党政机关、企事业单位等），而当前的研究在测量和表征家庭社会经济地位时却很少或者几乎忽略了这几个指标。

此外，职业声望存在城乡差异及群体差异（李春玲，2005）。在西方国家，同等学力的同行业者收入相差不大，然而在中国的不同地区，同一行业对从业者学历的要求并不一样，从业者的收入也不一样（李春玲，2005）。同样，不同群体对相同职业的职业声望评价也不一样。此外，使用职业声望作为社会经济地位指标的最大问题是缺乏效标效度，与其他变量（比如受教育程度、收入等）之间的相关度较低（Hauser & Warren，1998）。

（三）采用多个指标表征

由于单个指标难以全面表征家庭社会经济地位，因此通常采用多个指标合成加以表征。家庭社会经济地位典型的表征方式是采用父母的最高受教育程度、职业及家庭收入三个指标分别表征人力资本、社会资本及金融资本。用这三个指标表征家庭社会经济地位在心理学和社会学研究中较为普遍（Buchmann，2002；Powers，1982）。这三者的组合方式通常有四种（任春荣，2010）：(1) 作为单独指标放入回归方程，看这些指标对因变量变异的解释率；(2) 以加权平均值作为家庭社会经济地位的指标；(3) 采用因子分析方法，将家庭社会经济地位作为潜变量，由不同测量指标表征；(4) 采用主成分分析法（Principal Components Analysis，PCA；Vyas & Kumaranayake，2006)。其中，采用因子分析方法计算家庭社会经济地位仍存在争议：家庭社会经济地位是一个合成指标，是由个体的金融资本、社会资本和人力资本三方面的高低决定家庭社会经济地位的高低（形成性模型)，而非家庭社会经济地位决定这三个方面的高低（反映性模型；详见 Howell，Breivik，& Wilcox，2007)。

当前大型测验/调查多采用多个题目询问学生或家长有关家庭社会经济地位各方面的状况。大型测验如国际学生能力评估项目（Programme for International Student Assessment，PISA)，通过一系列题目询问学生关于家庭财产（比如书本数量，是否有电脑、网络及独立卧室等)、父母受教育程度、父母工作，以及家长或小孩参加社会活动的项目和次数等方面情况。家庭社会经济地位由众多指标表征而来，然而由于统计技术的限制，很多研究者解决此类问题通常采用求平均值、计算次数或根据受测者对调查题目的反应进行分类的策略与方法（OECD，2002)。此外，由于跨区域、跨文化及跨国家比较的需要，地区或国家间的家庭社会经济地位测量指标往往会作相应调整（如有些地区不需要使用暖气)，因而不同国家的家庭社会经济地位既有相同的测量指标也有不同的测量指标。这便使得以上四种方法无法应用于国际比较情景。

第五种方法基于项目反应理论（Item Response Theory，IRT）的原理，将多个题目（items）合成（scaling)，采用分数表征家庭社会经济地位（May，2006)。IRT 模型假定个体对特定题目的反应概率和潜在特质的关系服从逻辑斯特（logistic）或计量（probit）曲线分布，由此预测个体对特定题目的反应概率，从而得到个体的潜在特质得分（王文中，2004）。家庭社会经济地位基于父母的受教育程度、父母工作、家庭拥有的物品及学生或家庭参与社会活动的项目及次数，利用 IRT 模型估计个体的家庭社会经济地位得分。这个得分反映了个体家庭中拥有物品及家长受教育程度和社会活动的最大概率。换句话说，个体家庭社会经济地位分数越高，表示家庭拥有这些物品的概率越高，父母受教育程度越高，越倾向于参加各种社会活动；分数越低则表示对应的家庭拥有物品越少，父母受教育程度越低，也越少参加社会活动。

采用 IRT 计算家庭社会经济地位的得分可以解决上述由多个题目测量带来的问题，也可以解决跨地区、跨国家所带来的差异问题。比如，由于温度差异，热带地区几乎没有取暖器或电热供暖器，而这些在寒带地区却是必需品；在大城市，空调为必需品，而在小城市却未必。传统的合成方法无法处理这一类问题，而 IRT 可以通过共同的题目（比如受教育程度、职业、收入等）将不同地区的家庭社会经济地位分数链接起来，从而形成可比较的分数。2006 年，迈采用 IRT 模型通过一些共同的题目（比如受教育程度、职业及收入等）将不同国家的题目链接起来，形成家庭社会经济地位的分数，进而获得可跨区域比较的数据（May，2006）。

三、小结

家庭社会经济地位作为一个复杂的概念，其内涵随文化差异及时代变迁而变化，并发展出不同的表征方式。家庭社会经济地位由三要素——金融资本、人力资本和社会资本组成，这已普遍为学界所接受。这三个要素的典型表征即家庭社会经济地位的典型三指标——家庭收入、父母受教育程度及职业类别。然而，由于某些测量指标的敏感性及单个指标的片面性，家庭社会经济地位的测量通常采用多指标合成的方式加以测量，只不过合成方式各异。对于家庭社会经济地位的表征及合成方式，学界尚未达成一致。

对于家庭金融资本，典型的测量方式为询问个体的家庭收入。但由于家庭收入的不稳定性、敏感性及大多数填写问卷的儿童或青少年对家庭收入不了解或拒绝回答，测量过程中往往会出现数据缺失或不够准确等问题。因此，对于家庭收入可采用间接的测量方式——通过询问个体家庭里面所拥有的物品，从而估计家庭的金融资本。采用这一方式进行测量虽能较为客观地反映家庭的金融资本，但也带来地区差异性的问题。

典型的人力资本测量方式是评估家长的受教育程度。而父母的婚姻状态及家庭结构（兄弟姐妹数量、个体排行及是否与外/祖父母同住等）也是影响人力资本的重要因素。虽然相关文献指出受教育程度具有跨文化的稳定性，但在中国当前的大学评价系统及就业市场中，大学学历是否对个体产生影响，有待进一步研究。

社会资本是由个体的职业、家庭网络、教育背景及所居住地区所形成的人际关系，可通过个体的职业、就读学校、居住地区及参加的社会活动等方面加以测量。随着网络的广泛使用，网络关系成为社会资本的一个重要指标，然而网络究竟是促进还是减弱儿童或青少年的社会资本有待深入研究。

总之，金融资本、人力资本及社会资本是家庭社会经济地位的三要素，三个方面不是相互排斥，而是具有较为密切的关联性。某些指标，如受教育程度，不仅测量一个方面，有可能同时测量好几个方面。家庭社会经济地位的测量技术在国际上已经比较成熟，而中国家庭社会经济地位的测量有待进一步发展。当前家庭社会经济地位的测量未考虑两个重要因素：中西方文化的差异及国内的区域差异。中国文化背景下，研究者发现，适用于西方文化的家长受教育程度、职业及收入等因素，不足以充分地解释家长的职业名望。在加入权力因素、部门因素及社会歧视因素之后所形成的测量标准对中国家庭社会经济地位的解释力更强(李春玲，2005)。在当前教育学及心理学研究中，对家庭社会经济地位的测量普遍沿用国际指标，忽略了某些具有地域特色的指标。此外，在中国，即便是相同职位，不同地区对从业者受教育程度的要求不一样，从业者获得的收入也不一样。家庭所拥有的物品同样会因地域及文化有所区别。因此，家庭社会经济地位测量指标仍有必要考虑地域的差异。

总之，家庭社会经济地位的表征可由多个测量指标合成而来，并采用不同的合成方法。研究者可以根据需要及家庭社会经济地位在研究中的重要性选择适当的合成方法。当家庭社会经济地位的测量需考虑到区域或国家差异时，首选 IRT 的方法进行合成。采用 IRT 模型对多个测量指标进行合成，尤其是针对家庭拥有物的调查，较其他方法更为合适。当家庭社会经济地位的测量指标由家长受教育程度、家长职业及家庭收入三个指标合成时，则采用传统的合成方法更为便捷。

第二节 家庭社会经济地位对学生学业的影响

一、家庭社会经济地位与学生学业成绩的关系

家庭社会经济地位是学生学业成绩的重要影响因素，这一观点普遍为人们所认同（Boocock，1973；Coleman et al.，1966；White，1982）。1966年，科尔曼等人的研究结果表明，家庭社会经济地位不仅对学生学业成绩具有强烈的影响，而且也影响到他们成年后的发展状况。早期研究结果表明，不管采用什么测量方式，家庭社会经济地位都被认为是学生学业成绩最强的预测变量（Bookcock，1973）。然而，近年来的研究发现，家庭社会经济地位与学生学业成绩的关系在不同研究中并不一致（Bradley & Corwyn，2002；Sirin，2005；White，1985）。

家庭社会经济地位与学生学业成绩之间关系至今未有一致的研究结论。有研究指出，家庭社会经济地位与学生学业成绩存在高相关（Coleman et al.，1966），也有研究者指出家庭社会经济地位与学生学业成绩具有中等相关（White，1982；Sirin，2005；Bryant，Lau，Burchinal，& Sparling，1994；Goldenberg，Reese，& Gallimore，1992；Jordan，

Huttenlocher，& Levine，1992；Starkey & Klein，1992）或弱相关（Weiser & Riggio，2010），甚至有学者认为这两者没有显著的相关。

元分析（meta-analysis）的研究结果也显示家庭社会经济地位与学生学业成绩之间的关系不一致。1982 年，怀特（White）收集了 1980 年以前关于家庭社会经济地位与学生学业成绩关系的近 200 篇文章，并进行元分析。结果发现，随着学生进入高年级，家庭社会经济地位与学业成绩的关系越来越弱。2005 年，西林（Sirin）重复了怀特的分析过程，分析了发表在 1990—2000 年关于家庭社会经济地位和学业成绩之间关系的文章。经过筛选，共有 58 篇文章满足条件。结果发现家庭社会经济地位与学业成绩之间的关系，随学生年级（从小学到中学）的上升越来越强；但到了高中，关系开始减弱。

这两项研究的结论都较为粗糙，因为它们只比较年级之间家庭社会经济地位与学生学业成绩之间平均相关系数的大小，因而只能说明家庭社会经济地位对学生学业成绩的影响与年级有关。虽然后来的研究者也发现了类似的结果（Bryant，Lau，Burchinal，& Sparling，1994；Goldenberg，Reese，& Gallimore，1992；Jordan，Huttenlocher，& Levine，1992；Starkey & Klein，1992），但由于这些研究都是截面数据的比较，所得结论有待进一步验证。此外，这两项元分析研究均未控制以往学业成绩及其他可能的混淆变量，也没有区分学科，而家庭社会经济地位对不同学科的影响却可能存在一定的差异。

家庭社会经济地位与学生学业成绩之间的相关性与学生的年级水平、修习学科以及收集数据的年限，乃至家庭社会经济地位的测量方法均有关。还有研究者认为家庭社会经济地位与学业成绩的关系还受到父母受教育程度、养育方式、家长参与、教师教学风格及社会网络等因素的影响（Arnold & Doctoroff，2003；Jeynes，2002）。总之，家庭社会经济地位对学生学业成绩的影响是一个复杂的过程，以下将分别从理论模型和实证研究两个方面讨论家庭社会经济地位对学生学业成绩的影响机制问题。

二、理论模型建构

家庭社会经济地位如何影响学生学业成绩是研究者一直关注的问题。2007 年，康格（Conger）和唐纳伦（Donnellan）提出了家庭投资模型（如图 1.1）和家庭压力模型（如图 1.2）两个理论模型，分别从家庭投资和家庭压力的角度来解释家庭社会经济地位对学生学业成绩、行为及情感的影响机制。

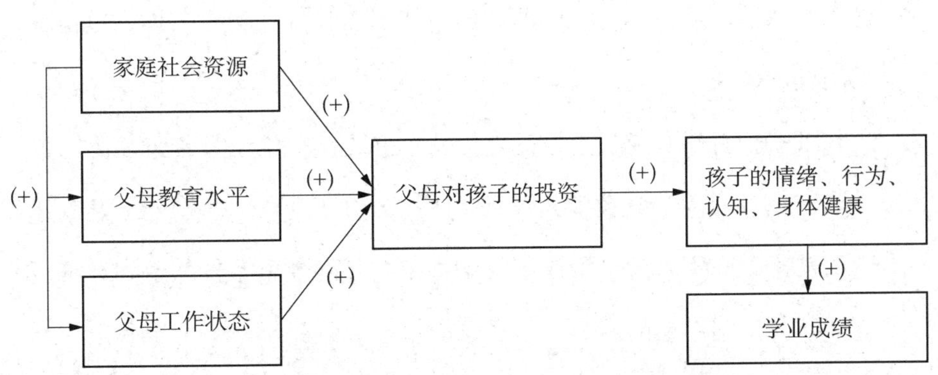

图 1.1　家庭投资模型（Conger & Donnellan，2007）

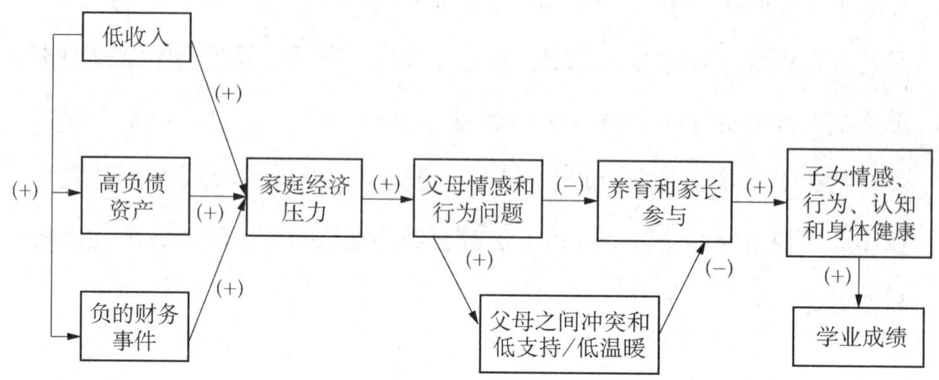

图 1.2　家庭压力模型（Conger & Donnellan, 2007）

模型 1 即家庭投资模型，是指家庭社会经济地位通过影响父母对子女的投资，从而影响子女的情绪、行为、认知和身体健康，进而影响子女的学业成绩。父母从社会资本、人力资本及金融资本三个角度对子女进行投资。人力资本方面，父母参与子女教育，促进子女对学业的积极态度、强化学习动机，从而增强子女在学业上的竞争力。社会资本方面，父母给子女提供优质的社交网络，从而影响学生行为及学业成就。金融资本方面，父母尽自己的所能为后代提供最好的物质条件，以保证子女的健康成长。

除了家长对子女成长的投资之外，家庭支出也给父母带来压力。模型 2 即家庭压力模型解释了父母所受的压力对子女产生的影响。家庭压力模型是指家庭收入低、负债等收支不平衡状况导致家长感受到经济压力，从而产生精神上的压力。这些压力可能导致父母产生情感和行为问题，从而影响家长的养育行为，降低其参与子女教育的程度。父母的情感和行为问题表现为夫妻之间关系紧张，有行为冲突，而这些会影响家长参与子女教育的程度和养育方式。家长的养育方式和家长的参与程度会影响子女的情感、行为、认知和身体健康，从而影响学生的学业成绩。

此外，研究者也指出子女与父母之间的影响是相互的。学生的高学业成绩可能会增强父母的参与，使得父母对孩子寄予更高期望。父母的高参与、高期望也会激励学生，产生更高水平的学业动机，从而取得更好的学业成绩与学业表现（Conger & Donnellan，2007）。

三、相关影响因素

以下根据上述两个理论模型，侧重从文献上回顾家庭社会经济地位通过哪些因素对学生学业成绩产生影响。

（一）教育资源获取影响学生的学业成绩

家庭社会经济地位影响学生的资源获取。家庭社会经济地位低的学生较难获得基本的学习支持（Egeland & Abery，1991；Egeland & Kreutzer，1991）。低家庭社会经济地位的家庭教育资源有限，有些家庭甚至连获取健康的食物和必要的医疗条件都成问题，无法为子女提供足够的教育资源。而资源缺乏会影响子女认知技能、情感的发展，从而导致他们的学业成绩较低。研究表明，贫困家庭（即人均年收入低于4 125美元）子女的测验成绩显著低于非贫困家庭（G. J. Duncan & Brooks-Gunn，2000）。1995 年，哈特（Hart）和里斯利（Risley）的研究发现，高家庭社会经济地位的学生平均词汇量为 4 500 000，而低家庭社会经济地位的学生平均词汇量仅为 2 500 000（Hattie，2009），高、低家庭社会经济地位的学生之间的词汇量相差近一倍。

高家庭社会经济地位的家庭则享有更多的资源，如高质量的居住条件、良好的医疗条件、高家庭社会经济地位的邻居以及更多上好学校的机会。研究表明，资源差异可以解释学生成绩 50%的变异（Magnuson & Duncan，2005）。丰富的教育资源可以帮助子女获得更好的教育结果。高家庭社会经济地位的家庭可以为子女提供足够丰富的资源，包括更多的书，更多去图书馆、博物馆的机会，及更多参加校外活动的机会（Brooks-Gunn，Klebanov，& Liaw，1995；G. J. Duncan & Brooks-Gunn，2000）。多个研究结果表明，进行较多阅读的孩子在词汇和综合听力方面的发展更好（Senechal & LeFevre，2002；Senechal，LeFevre，Thomas，& Daley，1998）。所以，资源是获得良好学业成绩的必要条件（Heckman，2008）。

（二）社交网络资源影响学生的学业成绩

社交网络影响个体的发展。一方面，社交网络通过与学生的互动直接影响其发展；另一方面，社交网络还会影响父母的教育信念、态度及行为，从而影响子女的学业发展（Cochran & Niego，2002）。家庭的社交网络越广，子女可获得的社会支持越多。研究表明，社会支持的可用性与亲子互动的质量存在正相关（Longfellow，Zelkowitz，Saunders，& Belle，1979）。正如基尔伯恩 1993 年所指出的那样，个体的社交网络对学生认知和行为发展具有至关重要的影响（Kilburn，1993）。

家庭社会经济地位影响着学生的社交网络。较高的家庭社会经济地位与受过良好教育、社会地位高的社交网络相联系。学生社交网络的质量影响着他们的认知发展，对学生的学业发展产生巨大的影响（Cochran & Brassard，1979）。

此外，家庭社会经济地位影响社区环境的选择。原生家庭的社会阶层通常决定了与什么样的人比邻而居（McPherson，Smith-Lovin，& Cook，2001），低家庭收入往往限制了对邻居的选择（Brooks-Gunn，Duncan，& Aber，1997）。2008 年，阿盖斯（Argys）和里斯（Rees）的研究结果表明，父母通过选择邻居从而影响子女的成长环境。父母对邻居的选择也反映了家长对子女培养的投入，高家庭社会经济地位与高质量的邻居和相应社会阶层的朋友相关。研究表明，在富有的小区中长大的孩子，其智商更高（Klebanov，Brooks-Gunn，McCarton，& McCormick，1998）。而低收入社区与问题行为的发生紧密相关，因为贫穷的邻居往往意味着更多的反社会、犯罪行为，意味着失业的成年人与被放任的青少年（Klebanov et al.，1998）。此外，年幼的孩子倾向于模仿年龄较大的孩子和周围人的行为。因此，较之年长学生，社区对年幼的孩子所产生的影响更大（Brooks-Gunn，Duncan，Klebanov，& Sealand，1993；Leventhal & Brooks-Gunn，2000；Sampson & Morenoff，1997）。反社会行为对年长和年幼的孩子皆有重要影响（Sampson，Raudenbush，& Earls，1997），这种影响从 2 岁就开始显现（Klebanov et al.，1998）。

（三）家庭收入影响学生的学业成绩

家庭收入对学生不同方面的能力有不同的影响。家庭收入水平与学业成绩有关（G. J. Duncan & Brooks-Gunn，2000；Yeung，Linver，& Brooks-Gunn，2002），而家庭收入的稳定性与学生的行为和精神问题有关（Yeung et al.，2002）。研究表明，家庭收入水平对学生的口语能力及学业成绩的影响高于对其行为和精神的影响（G. J. Duncan & Brooks-Gunn，2000）。

儿童经历贫穷的时间长短对其发展有深远的影响。儿童经历贫穷的时间越长，教育成就越低，社会和情感功能越差（G. J. Duncan，Brooks-Gunn，& Klebanov，1994；Korenman，Miller，& Sjaastad，1995；McLeod & Shanahan，1993；Smith，Brooks-Gunn，& Klebanov，1997）。1995 年，科伦曼（Korenman）等人通过对"全国青年纵向调查"（National Longitudinal Survey of Youth，NLSY）数据的分析，使用基于 13 年平均收入的长期贫困和基于单年收入的短期贫困作为测量指标，结果发现，经历长期贫困儿童的发展缺陷是经历短期贫困儿童的两倍（Korenman et al.，1995）。这两种情况之间的差异部分可以被家庭环境所解释，但未能被母亲行为的差异所解释。

童年贫困与儿童身心健康发展和认知发展不良有关。低家庭社会经济地位的孩子更有可能产生学业成绩低、辍学、犯罪、未成年怀孕和生育等问题；之后，进入青春期的他们更有可能面临失业问题（G. J. Duncan et al.，1994；McLeod & Shanahan，1993）。童年贫困对学龄前儿童和学龄早期儿童的影响尤其强烈（G. J. Duncan，Yeung，Brooks-Gunn，& Smith，1998；Smith et al.，1997）。在控制家庭结构和母亲受教育程度后，贫困仍对儿童的认知发展及行为产生影响（G. J. Duncan et al.，1994）。克列巴诺夫的研究结果表明，早在儿童 2 岁时，贫困对儿童认知发展的影响便已开始（Klebanov et al.，1998）。来自兄弟姐妹模型（Sibling Models）的结果表明，童年早期的家庭经济条件是学生完成学业的重要决定性因素（G. J. Duncan et al.，1998）。贫困的程度越高，对儿童认知结果的影响越大（Smith et al.，1997）。

由收入损失或经济不确定性因素所导致的贫困还会引起亲子关系紧张（Adler，Boyce，Chesney，Folkman，& Syme，1993）。亲子关系紧张会降低亲子互动的质量，减少子女在家的学习经验（Bornstein，1995；Bradley，1995）。贫穷家庭中不健康的亲子关系容易导致较低的学业成绩、情绪问题及较差的社会关系（K. J. Conger，Conger，& Scaramella，1997；R. D. Conger，Ge，Elder，Lorenz，& Simons，1994；McLoyd，1998）。此外，家庭收入也直接影响孩子在家庭以外接受教育的质量。高家庭收入的父母有能力把孩子送到高质量的儿童护理中心，而对于儿童的社会、情感和语言功能的发展而言，高质量的儿童护理无疑具有促进作用（Hofferth & Phillips，1991；Ramey & Ramey，1998；Scarr，1998）。

(四) 家长参与影响学生的学业成绩

除了物质资源分配上的差异，父母参与的程度也会影响学生的教育结果。父母参与包含多项内容，如参与到各种与学校有关的活动、与子女谈论他们在学校的生活及在家的各种教育行为（Englund，Luckner，Whaley，& Egeland，2004）。亲子谈话可以提高子女在校的表现。证据显示，亲子间讨论与学校有关的活动可以显著地提高子女的学业成绩（Ho & Willms，1996）。一方面，通过与子女讨论学校的活动，父母可以了解子女在校的表现，并提供及时、必要的支持。而通过与父母谈论有关学校的活动，子女感受到学习的重要性，并受到来自父母的鼓励。另一方面，父母的态度及反应可以鼓励子女开展更多的亲子互动，促使子女更为积极地投入到学校活动中。在这一过程中，亲子关系得到加强，同时子女对学校有更积极的态度，更加投入学习，从而获得更好的学业成绩。反过来，子女的学业成绩越高，父母对子女的学校活动更加投入，并支持子女在学业上进行更多的尝试。

家长在家参与子女的读写将影响子女的阅读成绩。家庭读写包括阅读故事书、观察大人的读写行为以及进行独立阅读等（Senechal et al.，1998）。阅读故事书可以帮助孩子学习新的词汇、扩展词汇量、熟悉语法，提高他们的口语及写作能力（Bus，Van Ijzendoorn，& Pellegrini，1995；Scarborough & Dobrich，1994）。阅读故事书还可以提高孩子的阅读兴趣及探索写作能力。子女亦会模仿父母的读写行为，如阅读新闻等，接触书籍越多，词汇能力与理解能力的发展水平越高（Senechal & LeFevre，2002）。

家长参与的程度和质量受到不同家庭社会经济地位因素的影响（Lareau，2003）。家长的受教育程度是家长参与的重要预测变量（Keith，Keith，Quirk，Cohen-Rosenthal，& Franzese，1996；Keith et al.，1998；Shumow & Miller，2001）。受教育程度越高的父母，教学策略越灵活，亲子交流的内容越丰富，对子女的回应也更加一致。受教育程度高的家长更愿意花精力去引导子女说话，发展子女的阅读兴趣，对子女的期望也更高（Gill & Reynolds，1999；Ho & Willms，1996；Lee & Bowen，2006；Singh et al.，1995），从而促进学生的学业成绩。

受教育程度高的父母更愿意去了解子女的需求，更强调子女的家庭技能培训（Brooks-Gunn et al.，1995；DeGarmo et al.，1999；G. J. Duncan & Brooks-Gunn，2000）。另据研究表明，较之户外活动，高收入家庭在家的学习活动更能调节收入和子女学业成绩二者间的关系（Klebanov et al.，1998；Mayer，1997；Ninio，1980）。

（五）父母教育期望影响学生的学业成绩

父母的教育期望影响子女的教育结果（Halle，Kurtz-Costes，& Mahoney，1997）。高家庭社会经济地位的父母对子女的学业成绩往往有较高的期望，而低家庭社会经济地位的父母对子女的教育期望较低（DeGarmo，Forgatch，& Martinez，1999）。高教育期望下，学生在学业成绩上表现更好（Entwisle & Alexander，1990；Entwisle，Alexander，& Olson，1997）。对美国国家教育追踪研究（National Education Longitudinal Study，NELS）的 24 599 个 8 年级学生的分析发现，父母的期望解释了学业成绩大部分变异（Goyette & Xie，1999）。而在控制父母期望后，亚裔学生和白人学生在学业成绩上的差距有所减少。

父母的教育期望影响子女的学业成绩（Fan，2001；Fan & Chen，2001；Singh，Bickley，Trivette，& Keith，1995）。哈莉和她的同事对 3 年级和 4 年级的学生进行分析，在控制之前的学业成绩后发现，父母的教育期望影响子女的阅读和数学成就（Helle et al.，1997）。反过来，孩子的学业成绩也影响父母的教育期望（Goldenberg，Gallimore，Reese，& Garnier，2001）。高教育期望鼓励子女努力学习以取得好成绩；高学业成绩唤醒父母的高教育期望。父母的教育期望和子女的学业成绩二者间无疑是相互影响的。

（六）年龄影响学生对资源的需求

年龄影响学生对资源的需求。学生对资源的消化和吸收能力受到认知发展的影响。随着年级的上升，认知能力也随之提高，学生需要更多的物质资源和智力资源。学生对家长受教育程度的需求也会发生变化。幼儿园学习基本、简单的知识（例如，学生在阅读中学会识别字母 a、o、e；或学生在数学中学会 1+1=2），这些对家长受教育程度的要求较低。高学历父母和低学历父母之间不会有太大的差异，因为他们都能满足孩子的基本需求。随着年龄的增长，学生在阅读和数学方面的学习越来越深入，对父母受教育程度的要求也越来越高（如用更复杂的词语与子女交流，能应对越来越复杂的数学或阅读作业）。低学历的家长无法满足学生日益增长的教育需求。

因此，本节提出的问题是：家庭社会经济地位如何影响学生学业表现？这种影响是否会随学生年级的上升而发生变化？是否跟具体学科有关系？在控制了早期学业成绩的影响之后，上述问题是否仍会得到相似的结论？

当学生进入学校学习，受到相对一致的学校及教师的影响，同时也受到来自同伴的影响。由此，学校的教育过程是否会降低家庭社会经济地位对学生学习的影响，减少由于家庭社会经济地位差异所带来的差异？随着学生进入高年级，家庭社会经济地位对学生学业成绩的影响是否会随年级上升发生变化？

第三节　同伴社会经济地位对学生学业的影响

群体社会化理论（Group Socialization Theory）指出，由于进化的原因，灵长类动物倾向于与群体联系并适应群体。儿童选择性地接受和拒绝成人的某些方面影响，进而创造属于他们自身的文化（Harris，1995）。个体从家庭中带来所学的知识及自己的理解，通过同化和顺应影响其他同伴的行为、态度、动机和学业成绩。研究人员发现，亲密的朋友往往变得越来越相似（Kandel，1978；Kindermann，1993）。亲近的同伴通过互动交换学习动机（Berndt et al.，1990；Kindermann，1993），因而在整个学年中都有相似的教育抱负（Berndt，Laychak，& Park，1990）。正如基尔伯恩在1993年所提出的，个体的社交网络可以比其他行为变量更好地预测学生的学习态度和行为。科尔曼等也认为同伴的背景对个体学业发展的影响比学校设施、课程设置和教师的教学质量影响更大（Coleman et al.，1966）。同伴对个体学业成绩发展的影响是一个复杂的过程。

家庭社会经济地位是同伴的最重要特征，是学生最重要的社会资源。同伴社会经济地位对学生学业成绩的影响机制与家庭社会经济地位相似。高家庭社会经济地位的同伴拥有更多的资源，如文化资本、父母教育、物质资源和智力资源等（Arcidiacono & Nicholson，2005；Caldas & Bankston，1997；Rumberger & Willms，1992）。学生通过与同伴互动和交换，从而受到同伴的影响。

同伴社会经济地位影响学生的学业成绩。研究表明同伴家庭社会经济地位对学习成绩的影响几乎与个体家庭社会经济地位对学生学业成绩的影响一样大（Caldas & Bankston，1997；Chiu，2010），甚至更大（Santiago，Lukas，Joaristi，Lizasoain，& Moyano，2008）。2006 年，通过对 43 个国家 15 岁学生的分析，赵和麦克布赖德-张的研究发现，同伴社会经济地位比家庭社会经济地位更能预测学生在阅读理解中的差异程度（Chiu & McBride-Chang，2006）。澳大利亚 2003 年的数据结果也显示，同伴社会经济地位与学生学业成绩的持续提高有关（Perry & McConney，2010）。一些研究表明，高同伴社会经济地位不仅对家庭社会经济地位较高的学生有益，对来自低社会经济地位家庭的学生好处更加显著（Kahlenberg，2003）。此外，班级学生母亲的平均受教育程度是个体学业成绩的重要影响因素（McEwan，2003；Rumberger & Willms，1992）。目前，大多数关于同伴社会经济地位的研究，其研究对象都是中学生（Caldas & Bankston，1997；Chiu，2010；Perry & McConney，2010）或高中生（Rumberger & Palardy，2005）；较少研究小学或学前儿童的同伴社会经济地位对学生学业水平的影响，追踪性研究则更少。

随着学生进入学校学习，同伴社会经济地位是如何对学生学业成绩产生影响的？这一影响是否跟年级有关？是否跟具体的学科有关？同伴社会经济地位是否对家庭社会经济地位具有一定的补偿效应？

第四节　家庭社会经济地位对学生学业的影响：以能力分组为调节变量

同伴的另一个重要特征是同伴间的学业成绩差异（Bales，2001；Cohen，1994；Eder，1981；Eder & Felmlee，1984）。身处成绩差异较大的班级/学校还是成绩差异较小的班级/学校，更有利于提高学生的学业成绩，仍是一个争议性的话题。同伴间的学业成绩差异是否会影响家庭社会经济地位与学生学业成绩之间的关系？下文将以能力分组为调节变量对此加以分析。

一、能力分组的定义与测量

能力分组是指将学业成绩相近的学生分在同一组中。回顾文献，有三种对学生进行能力分组的方法：按照成绩将学生分到不同的学校；按照成绩将学生分到不同的班级；根据成绩将班内的学生分成不同的组。一般来说，研究人员根据学校/班级是否被标记（如重点学校、非重点学校；快班、慢班等）来定义能力分组。但这种方法有一定的局限性。采用标记分组的界限可能是模糊的。标记为重点学校和未被标记的学校，二者间的差异可能并不大。一些学校被标记为分组，但事实上并未进行分组；有些学校没有被标记，但实际上已进行了分组。

此外，地理位置可能会导致学校的自然分组。有的学校附近是家庭社会经济地位高的社区，学生的学业成绩相对较高；有的学校附近是家庭社会经济地位低的社区，学生可能因此具有相对较低的学业成绩。因此，研究人员在收集这些数据的时候就比较困难，而更困难的是收集有能力分组的学校/班级和没有能力分组的学校/班级的数据。

为了解决能力分组在定义上的困难，越来越多的研究者使用班级或学校内学生学业水平的差异（或者方差，即 Variance）作为能力分组的标准（Buttaro，Catsambis，Mulkey，&Steelman，2010）。即同班同学的学业成绩差异越大或者学校内学生的学业成绩差异越大，班级/学校内学生成绩的分布越广，能力分组的程度就越弱；同班/同校同学间的学业成绩差异越小，能力分组的程度越高，学生的同质性越强。这种方法的优点是研究者只需收集到班级或学校学生的学业水平，就可以获得能力分组的指标，且采用这种方法所获得的能力分组指标是一个连续变量，故可获得更多的信息。本书采用方差作为能力分组的指标。

二、能力分组对学业成绩的影响机制

目前，虽然有大量文献讨论能力分组对学生学业成绩的影响，但结论依然存在争议。一些研究结果显示能力分组可以促进学生的学业成绩（Dar & Resh，1986；Hallam，Ireson，& Davies，2002；C. Kulik &

Kulik, 1982; J. Kulik & Kulik, 1987; Luyten & der Hoeven-van Doornum, 1995; Resh & Dar, 1992), 另一些研究结果却显示能力分组阻碍学生学业成绩的提高 (Hanushek & Wobmann, 2006), 而有的研究结果显示能力分组对学业成绩没有影响 (Good, Mulryan, & McCaslin, 1992; Hallinan & Sorensen, 1987; Opdenakker & Damme, 2001; Slavin, 1987, 1990)。争论焦点在于应该支持还是反对在学校或班级间进行能力分组。

研究人员担心能力分组会扩大高低分组学生之间的学业差距 (Hanushek & Wößmann, 2006; Schnepf, 2003), 从而造成教育不公平。2006 年, 哈努谢克 (Hanushek) 和沃斯曼因 (Wößmann) 比较了全美中小学能力分组和没有能力分组的学生, 研究结果显示早期能力分组会加大学业成绩之间的不平等; 在控制了学生水平的内在特征 (包括先前的知识) 后, 不同能力分组的学生在学习进度上依然存在差距。

能力分组会让组内学生的教育抱负、学习动机越来越相似 (Kandel, 1978; Kindermann, 1993; Berndt, Laychak, &Park, 1990)。根据群体理论, 当学生属于某个群体时, 他们会努力适应该群体的文化, 并且做群体所做的事情 (Harris, 1995)。在特定的群体中, 学生有他们自己的文化, 比如学习氛围、学业动机及对学习的态度等。高能力组的学生倾向于有更好的学习氛围、较高的学习动机和更积极的学习态度。相比之下, 低能力组学生的学习气氛较淡薄、动机较弱, 对学习的态度较不积极。因此, 能力分组可能会加大学生间学业表现的差距。下面对能力分组如何影响学生的不同方面进行论述。

(一) 能力分组影响学生的学业情感

能力分组影响学生的学业自我概念（self-concept）。学生将同班同学或者同校学生作为比较对象，从而形成对自己的判断，这叫“对比效应”（Marsh & Hau，2003；Trautwein，Lutke，Marsh，Koller，& Baumert，2006）。当学生的学业成绩比周围的同学高，学业自我概念得到增强，就更有可能去回答教师的问题、参加课堂的活动。当学生得到老师和同伴的认可时，他们的自我概念更高，并会进一步激发他们的学习热情和学习动机。相反，学生的学业成绩比周围同伴的学业成绩低时，他们就倾向于较少参加班级活动，也较难得到同伴及教师的认可。因此，他们的学业自我概念较低，学业成绩受到影响。这种现象——与比自己好的学生在一起，学生的学业自我概念会降低；与比自己差的学生在一起，学生的学业自我概念会提高——被称为“大鱼小池效应”（Marsh，1990；Marsh & Craven，2002；Marsh & Hau，2003）。这些研究结果显示，能力分组可以提高低学业成绩学生的学业自我概念，降低高学业成绩学生的学业自我概念；而非能力分组会降低低学业成绩学生的学业自我概念，提高高学业成绩学生的学业自我概念。

此外，能力分组也会导致刻板印象。高分组的学生被教师认为是最聪明的学生，而低分组的学生则被认为是“笨”或者“学不会”的学生。低分组的学生被贴上了不利的标签，而高分组的学生被贴上了有利的标签（Steele & Aronson，1995）。教师对高分组的学生抱有较高的期望，并提供较多的支持，给予低分组的学生则是较低的期望和较低的支持（Hallam & Ireson，2005）。调查结果显示，学生更愿意被分到高分组中。一项调查显示，74%的学生不愿意被分到低分组里，60%的学生希望自己被分到高分组里，因为高分组让他们感受到地位和优越感（Devine，1993）。Hallam 和 Ireson（2007）的研究也得到了相似结论。

（二）能力分组影响教学的有效性

能力分组可以满足不同层次学生的需求（Chorzempa & Graham，2006；Hallam et al.，2002）。在混合分组中，低学业成绩学生学习速度慢，高学业成绩学生学习速度快。如果把所有水平的学生（高、中、低水平的学生）放在一起教学，教师为了满足大部分学生的需求，就得选一门中等水平的课程。但这对于低学业成绩学生难度太高，而对于高学业成绩学生又过于容易。采用能力分组，可以加快高学业成绩学生的课程进度，避免他们在课堂上感到无聊或无所事事（Prekel，Gotz，& Frenzel，2010）；可以放慢低学业成绩学生的课程进度，稀释内容以符合他们能力水平。因而，能力分组可以根据不同层次学生的需求来指导学生，做到因材施教。莫伊（Mooij）和德里森（Driessen）指出，学前教育和小学教育应更好地匹配学生的能力差异（Mooij & Driessen，2008）。

能力分组还可以避免教师因为处理某个群体问题而减少有效授课时间。低学业成绩学生通常与纪律问题有关（Berends，1995），如在课堂上做小动作。教师在课堂上可能会花更多的时间进行非教学活动，因而减少授课时间。这不仅会影响整个班级的有效授课时间，还会影响授课教师的教学质量。这对其他群体的学生来说是不公平的。

但能力分组可能导致较差的班级出现更多的纪律问题及有待改善的

学习氛围。低学业成绩学生常常与行为问题有关（Berend，1995），如在课堂上做小动作，和其他学生打架，欺骗同班或同校同学等。根据流行病模型，同伴之间相互影响和学习彼此的行为，尤其是那些在组里受到重视或者被彼此认可的行为（McEwan，2000）。在低学业成绩学生群体中，学生以欺负其他学生的行为为榜样，因而更有可能去模仿这些不好的行为。因此，若将低学业成绩学生分在同一个组里面，会导致更多地纪律问题；而在异质群体中，因为有榜样的存在，低学业成绩学生可以模仿好的行为并由此受到启发（Saleh et al.，2005）。

（三）能力分组影响资源分配

能力分组会导致资源分配不均。学习成绩好的班级或学校容易获得更多的资源，比如，更丰富的图书资料、更好的硬件设施，以及更高资历、更有经验的教师，也就可以吸引更多高学业成绩学生（Cheung & Rudowicz，2003）。学习成绩较低的班级或者学校，其资源较其他班级或学校少，且教师的质量也不高（Lunn，1970）。调查结果表明，较差的教学往往出现在较差的学校或班级中（OFSTE，2001）。此外，家庭社会经济地位高的家长倾向于为子女选择更好的学校或班级，这也为学生提供了更多的社会资源。

能力分组会减少学生的智力资源。首先，能力分组减少了所有学生帮助和被帮助的机会。解答题目或者解释某个问题可以帮助个体厘清他们的想法，而接受解释的人可以获得纠正错误的概念和习得恰当学习策略的机会（Webb，1982a，1982b，1984）。研究结果表明，学生从同伴的解释中学到的知识比从教师的讲授中学到的更多（Adey & Shayer，

1994）。其次，在能力分组中，由于具有相近的能力，学生很少或无法获得帮助别人和被帮助的机会，因此容易感到沮丧。高学业成绩学生没有机会向成绩中等的学生解释他们所学的知识；成绩中等的学生没有机会向低学业成绩学生解释他们所学的知识，并失去向高学业成绩学生请教的机会；低分组学生失去了向比他们成绩好的学生请教以及从中、高学业成绩者处获得学习策略的机会。因此，对于高学业成绩和低学业成绩的学生来说，能力分组在一定程度上分别剥夺了他们的施教机会和受教机会。而这种教和被教在混合组中的效果是最好的，高学业成绩和低学业成绩的学生均能从中受益（Hallam，2002）。

然而，能力分组可以提高组内合作。学业成绩相近的组里面，学生间的合作更高。在一项实验研究中，各水平的学生被随机分成高、中、低三组，结果发现学生在学业成绩相近的组里面使用更多的合作策略，而在学业成绩相差较大的组里面，学生间的合作较少（Saleh，Lazonder，& de Jong，2005）。另一项研究也显示，在含有各成绩水平学生的小组中，由于低学业成绩学生很难参加组里的活动，因而较少参与小组互动（Saleh，Lazonder，& de Jong，2007）。韩国的一项研究发现，低学业成绩学生与低学业成绩学生之间的互动更密切，高学业成绩学生间的互动也更加频繁（Kang，2007）。由此可见，能力分组可以提高学生的学习参与度。

教师对不同能力分组学生的期望不同，导致对学生的要求也不一样。教师对高学业成绩组的学生期望较高，对低学业成绩组的学生期望较低（Houtte，2004，2006）。由于期望的不一样，教师倾向于高估高学业成绩分组学生的能力，而低估低学业成绩分组学生的能力

(Bennett, Desforges, Cockburn, & Wilkinson, 1984)。因而，教师经常给高学业成绩的学生布置难度较高或过高的作业，并期望他们能够快速且高质量地完成作业；然而，他们给低学业成绩的学生布置简单、重复性高的作业，而这些作业对低学业成绩的学生来说或许并不难，也不具有挑战性（OFSTED, 2001），因而低学业成绩的学生对学习越来越不感兴趣。此外，教师会给高学业成绩的学生布置更多要求分析和批判性思维的任务，因此高学业成绩的学生有更多自主选择和讨论的机会。教师鼓励高学业成绩组独立工作，并训练他们的自我调节能力，从而使他们能够对自己的任务负责（Sukhnandan & Lee, 1998）。然而，教师很少给低学业成绩组的学生布置独立学习、讨论及小组活动的任务，而倾向于集中培养学生的基本技能。因此，低学业成绩组的学生较少有机会可以获得批判性思维、分析和创造力等方面的训练（Hallam, 2002; Sukhnandan & Lee, 1998）。

综上所述，能力分组通过影响学生的物质资源分配、智力资源、教师的教学质量、课堂秩序、教学质量、学业动机、学业自我概念、教师的期望、刻板印象等，影响学生的学业成绩。总体来说，能力分组的优势在于可以满足不同层次学生的需求，提高组内合作、增加课堂的有效时间等。

能力分组对高学业成绩的学生有利有弊。能力分组有利于高学业成绩的学生获得更高的学业动机，享有更好的智力资源与教学质量、更好的课堂秩序、更高的教师期望，以及因为被贴上“聪明”的标签从而具有更高的同伴地位和优越感等。但能力分组对高学业成绩的学生也有负面效应。能力分组会降低高学业成绩学生的学业自我概念，减少高学业成绩组的学生“教”其他学生的机会。

能力分组对低学业成绩的学生也是有利有弊。除可以提高学业自我概念之外，能力分组给低学业成绩的学生带来的是较低的教师质量，较少的物质资源与智力资源，较低的学业动机，较低的教师期望，较差的课堂秩序，较少的学习机会，以及被贴上“笨”的标签从而体验到更低的同伴地位。

然而，能力分组对不同学科的影响是否一致？随着学生的成长，能力分组对学生学业成绩的影响是否也会发生变化？能力分组究竟是发生在高年级好还是低年级好，抑或皆分组或皆不分组才好？

三、影响能力分组的因素

除了受到学业成绩的影响，能力分组还受其他因素如家庭社会经济地位的影响。家庭社会经济地位高的家庭，家长通过自己的社会网络或者经济资源让子女进入更好的学校或更好的班级。一项针对英国中学生的分组调查显示，除了之前学业成绩的影响之外，个人的家庭社会经济地位对能力分组具有显著的预测作用。来自高家庭社会经济地位的学生更有可能被分配到较高能力组，而不太可能被分配到低学业成绩组(Muijs & Dunne，2010)。

社会偏见也影响着能力分组。高度结构化的能力分组可能会造成社会分化，尤其是某些特殊的学生，他们更有可能被分到低能力组(Hallam et al.，2002)。比如，少数族裔的学生更容易被分到低能力组中（Secada，1992）。研究发现，低能力的学生比高能力的学生对班级的组成水平更加敏感（Luyten & van der Hoeven-van Doornum，1995）。另外，性别偏见也影响学生的能力分组。女生更有可能被分到低能力组中，尤其是数学学科（Secada，1992）。

因此，本研究在学生水平上控制了性别、族裔，在学校水平上控制了族裔百分比，探讨个体的家庭社会经济地位、同伴家庭社会经济地位以及能力分组对学生不同学科学业成绩的影响。本研究还考虑了同伴社会经济地位和能力分组对个体家庭社会经济地位与学业成绩之间关系的调节作用。

第二章

研究问题与方法

第一节 研究问题

科尔曼的报告指出，家庭社会经济地位是影响学生学业成绩的最重要变量，后来的学者在这一问题上做了很多研究，但他们得出的关于家庭社会经济地位影响学生学业成绩的结论并不一致。西林（2005）得出家庭社会经济地位对学生学业成绩的影响，从小学到中学，这个影响逐渐增加，到高中这个影响开始降低；而怀特（1982）关于家庭社会经济地位对学生学业成绩的影响的元分析结果表明，随着学生进入高年级，这个影响将会越来越弱。由此，我们采用追踪数据回答第一个问题：随着学生年级的升高，家庭社会经济地位对学生学业的影响是如何发生变化的？这个变化是否跟学科有关？在控制了性别、族裔以及之前的学业成绩，这个影响是如何随年级的上升而发生变化的？

同伴的背景是学校中影响学生学业成绩的最重要因素，而同伴社会经济地位是同伴背景的最重要的变量，那么它如何影响学生的学业成绩，其效应是否跟年级和具体学科有关？同伴社会经济地位是否对家庭社会经济地位具有补偿的效应？

基尔伯恩（1993）认为，个体的社会网络比自身的特征更能预测学生的行为和态度。学校的同伴是学生最重要的社会网络。同伴的学业成绩是除了同伴社会经济地位之外的最重要的特征变量。因而，同伴间的学业成绩差异是否会影响个体学生的学业成绩？这种影响是否会随年级的变化而变化？是否跟学科的性质有关系？家庭社会经济地位对学生学业成绩的效应，是否会受到同伴间学业成绩差异的影响？这个影响是否跟学科、年级有关系？

为回答上述问题，本书采用了美国幼儿追踪数据—幼儿园队列来回答这个问题。接下来的一节将介绍这个数据库的基本信息、变量的测量及回答以上问题所采用的数据处理和统计分析方法。

第二节 数据与变量测量

本书采用来自美国幼儿追踪数据—幼儿园队列 1998—1999（Early Childhood Longitudinal Study-Kindergarten Cohort of 1998 - 1999，ECLS-K）的数据来回答以上研究问题。本章首先简要介绍该数据的抽样方法、变量的测量及样本量等，之后描述了本研究所使用的变量和统计分析方法。本研究以多因变量多水平模型为主要数据分析方法，探讨家庭社会经济地位、同伴社会经济地位及能力分组对学生学业成绩发展的影响。另外，本研究将以增长模型为补充分析方法，考察家庭社会经济地位、同伴社会经济地位及能力分组对学生学业成绩增长的影响，并给出处理缺失数据的方法。

一、样本

ECLS-K 是美国的一个公开数据库[①]。第一波基准数据对 1998—1999 进入幼儿园的儿童进行从州到村到学校再到学生的分层随机抽样，

① 该数据库的具体介绍可以参照 https：//nces. ed. gov/ecls/.

最终获得全美 1998—1999 入学儿童具有代表性的样本。总样本量为 17 390人，其中男生为 8 890 人，女生为 8 494 人。该数据包含对儿童的测评、家长访谈及校长访谈的数据（Tourangeau et al.，2006）。研究者在这批孩子进入幼儿园后的春季进行第二次测量，从而获得第二波数据。第三波数据在小学一年级春季时收集，包含样本中的所有个体。第四、第五波数据则分别在三年级春季、五年级春季时收集。

二、变量的测量

在学科方面，本研究选择了数学和阅读两个科目的数据。阅读属于文科，数学属于理科，同时它们也是国际大型测验常见的考察科目，具有较强的代表性，能够较全面地展示学生的学业发展情况。

（一）阅读成绩的测量

ECLS-K 的阅读成绩由十个不同难度的精熟水平（Proficiency Level）表现组合而成，用来评价学生从幼儿园到五年级的阅读能力（Tourangeau et al.，2009；相关资料请见附录）。这 10 个水平分别为：（1）识别字母：认识字母表中大写和小写的字母；（2）初始发音（beginning sounds）：会把字母和单词开头的发音联系起来；（3）词尾发音（ending sounds）：会把字母和单词结尾的发音联系起来；（4）认识常见词（sight words）：认识常见的单词；（5）理解语境中的词：可以在语境中阅读并理解单词；（6）字面推理：可以根据文中的关键词所提供的线索进行推断；（7）外推：可以识别用来推断的线索；（8）应用：

可以理解作者的用意及将叙述中的问题和生活中的类似问题联系起来；(9) 评价纪实文学（evaluating nonfiction）：可以理解传记和说明文；(10) 评价复杂句法：可以评估复杂语法和理解高级词汇。

不同年级使用不同试卷来评价学生的阅读能力，每个年级选用上述十个精熟水平中的五个来评价学生阅读能力。使用精熟水平（1）至（5）来评价幼儿园和一年级学生的阅读能力。使用精熟水平（4）至（8）来评价三年级学生的阅读能力。其中，一年级和三年级有两个精熟水平（精熟水平（4）和（5））是相同的。五年级的试卷由精熟水平（5）至（9）组成，与一年级有一个精熟水平重叠，与三年级有四个精熟水平重叠。每个年级所使用的试卷有相同之处，也有不同的地方。因此，采用项目反应理论（Item Respouse Theory，IRT）的方法，根据相同题目对幼儿园秋季、幼儿园春季、一年级春季、三年级春季及五年级春季学生的阅读成绩进行等值（equating），使得 5 个时间点的阅读成绩具有跨年级可比性。

(二) 数学成绩的测量

数学成绩采用九个不同精熟水平的数学题目来测量，用来评价不同年级学生的数学能力（Tourangeau et al.，2009）。这九个精熟水平分别为：(1) 数字与形状：认识 10 以内的数字，认识几何形状，会从 1 数到 10；(2) 相对大小：会读所有个位数的数字，可以数到 10 以上的数字，认识数列（recognizing a sequence of patterns），可以使用非标准的长度单位去比较物体的大小；(3) 排序：会读 2 位数，认识序列数字中的下一个数字，可以识别一个物体的序号位置，会解决简单的应用题；

(4) 加法与减法：会解简单的加法和减法问题；(5) 乘法和除法：会解简单的乘法和除法问题，认识复杂的数字序列；(6) 位值：可以理解个位数到百位数的位值的位置；(7) 比例与测量：会使用比例和测量的知识解应用题；(8) 分数：会使用分数来解决问题；(9) 面积和体积：可以解决与面积和体积有关的应用题。

每个年级使用4—5个精熟水平来评价学生的数学能力。幼儿园和一年级使用精熟水平（1）至（5）来测量学生的数学能力。三年级使用精熟水平（4）至（7）来测量学生的数学能力，与幼儿园及一年级有两个精熟水平重叠。五年级使用精熟水平（5）至（9）来测量学生的数学能力，其中与幼儿园及一年级有一个精熟水平重叠，与三年级有三个精熟水平重叠。同样，由于每个年级之间存在重叠的精熟水平，本研究采用IRT方法将各年级的数学成绩进行等值，获得具有跨年级可比性的幼儿园秋季、幼儿园春季、一年级春季、三年级春季及五年级春季五个时间点的数学成绩。

（三）家庭社会经济地位的测量

家庭社会经济地位由五个测量指标组成——父亲/男主人的受教育程度与职业、母亲/女主人的受教育程度与职业，以及家庭收入。由于幼儿园秋季和春季的间隔时间短，因而家庭社会经济地位有四个重复测量的数据——幼儿园、一年级、三年级及五年级。这五个指标的测量分别描述如下：

家庭收入信息在幼儿园的秋季和春季以及一年级、三年级、五年级的春季收集。家庭收入采用年收入范围来测量。年收入范围由13个区间组成，其对应的编码见表 2.1。

表 2.1 父母亲受教育程度、职业及家庭收入的测量与编码

编码	家长受教育程度	家庭收入（美元）	父母的职业
1	8 年级及以下	≤5 000	总裁、行政和管理职业
2	9—12 年级	5 001—10 000	工程师、测量师和建筑师
3	高中毕业/同等学力	10 001—15 000	自然科学家和数学家
4	职业学校	15 001—20 000	社会科学家、社会工作者、宗教工作者和律师
5	大专	20 001—25 000	教师：大学、大学和其他大专院校；辅导员、图书馆员和档案工作者
6	本科学位	25 001—30 000	除大专院校外的教师
7	研究生学历但没有毕业	30 001—35 000	医生、牙医和兽医
8	研究生学位	35 001—40 000	注册护士、药剂师、营养师、治疗师和医师
9	博士学位	40 001—50 000	作家、艺术家、艺人和运动员
10		50 001—75 000	卫生技术人员和卫生专家
11		75 001—100 000	技术人员和技术专家，健康类除外
12		100 001—200 000	营销与销售职业
13		≥200 001	行政支持职业，包括办事员
14			服务职业
15			农业、林业、渔业职业
16			机修工
17			建筑与采掘职业
18			精密生产职业
19			生产工作职业
20			运输与物料搬运职业
21			装卸工、设备清洁工、助手和工人
22			失业、退休、残疾或未分类的工人

家长的受教育程度由父亲的受教育程度和母亲的受教育程度组成，在幼儿园、一年级、三年级及五年级都对该信息进行了采集。父亲和母亲的受教育程度由七个类别组成，具体见表 2.1。

家长的职业由父亲及母亲的职业组成，在幼儿园秋季和春季、一年级、三年级及五年级都对该信息进行了采集。职业总共 22 个类别，从高到低分别编码为 1—22，最高级别为总裁、经理等职业。因此，我们将家长的职业视为连续变量。

父母的受教育程度和职业的缺失数据可采用二阶段插值法进行插补。首先使用前一波没有缺失的数据来填补现阶段的缺失数据。第二阶段采用 hot-deck 插值法进行填补。二阶段插值法只应用在父母亲的受教育程度和职业，家庭收入的缺失数据则用 hot-deck 插值法处理。

我们先将家庭社会经济地位的测量指标标准化，以获得各指标的标准分数，如方程 1 所示：

$$z_{hi} = \frac{x_{hi} - \bar{x}_w}{se(\bar{x}_w)} \quad \text{（方程 1）}$$

其中，z_{hi} 是第 i 个学生家庭社会经济地位的第 h 个指标的值，

$\bar{x}_w$ 是 x_{hi} 的加权平均值，及

$se(\bar{x}_w)$ 是 x_w 的标准误

由此可获得家庭社会经济地位各测量指标的标准分数。家庭社会经济地位的分数是采用其五个测量指标标准分数的加权平均分。若家庭社会经济地位的某个指标缺失，那么便计算家庭社会经济地位中非缺失指标的平均分，用方程 2 表示如下：

$$SES_i = \frac{\sum_{h=1}^{m_i} z_{hi}}{m_i} \quad \text{(方程 2)}$$

其中 m_i 是第 i 个家庭社会经济地位测量指标的非缺失数据的个数。

表 2.2 家庭社会经济地位（SES）在幼儿园春季、一至五年级春季的相关系数

	SES _ 幼儿园	SES _ 1 年级	SES _ 3 年级	SES _ 5 年级
SES _ 幼儿园	1.00			
SES _ 1 年级	0.91	1.00		
SES _ 3 年级	0.88	0.94	1.00	
SES _ 5 年级	0.87	0.93	0.96	1.00

从表 2.2 中可见，家庭社会经济地位在幼儿园、一年级、三年级及五年级四个时间点的两两间相关系数在 0.87 以上。因此，在本研究当中，为了方便处理，我们将四个时间点的家庭社会经济地位取平均值，作为个体的社会经济地位，即将家庭社会经济地位作为不随时间变化的变量来处理。

(四) 同伴社会经济地位的测量

同伴社会经济地位常采用同一所学校学生的平均家庭社会经济地位作为测量指标（Chiu，2010；Perry & McConney，2010；Rumberger & Palardy，2005）。对于同伴家庭社会经济地位的计算也分为两个步骤。第一步，采用多组插值法插补家庭社会经济地位的缺失值；第二步，采用插补之后的家庭社会经济地位计算同校学生的平均家庭社会经济地位。

（五）能力分组的测量

根据布塔罗等人建议的方法，采用同校学生学业成绩的方差作为能力分组的测量指标（Buttaro，2010）。同校学生学业成绩的方差越小，表明这所学校学生之间的学业能力差异越小，能力分组的程度越高。同校学生学业成绩的方差越大，表明这所学校学生之间的学业能力差异越大，能力分组的程度越低。对于阅读和数学而言，分别由阅读成绩的方差和数学成绩的方差表示阅读能力分组和数学能力分组的指标。由于方差的单位是阅读成绩或数学成绩的平方，为减少因为单位所带来的解释上的不便，我们将五个时间点的阅读成绩和数学成绩的方差进行标准化，从而更容易解释。

阅读能力和数学能力的能力分组可通过两个步骤计算而来。第一步：采用多组插值法（Multiple Imputation）处理阅读成绩和数学成绩中的缺失值；第二步，采用插补之后的数据计算学校的阅读成绩和数学成绩的方差，之后，使用阅读成绩和数学成绩的方差作为阅读和数学科目的能力分组指标。当同一所学校的人数少于 3 人时，该学校的阅读成绩和数学成绩的方差就无法计算，则该校阅读和数学的能力分组指标记为缺失值。值得注意的是，多组插值法填补缺失数据只用来计算同伴的社会经济地位，以及同伴的阅读成绩和数学成绩的方差，在分析中并不采用多组插值法填补缺失数据之后的数据。

（六）其他控制变量的测量

本研究还考虑了其他个体特征变量，如性别、族裔及学校中白人学生所占的百分比等。每一阶段收集数据时，均采集了性别和族裔的信息。由于这两个特征变量不随时间变化，因此缺失数据可以由各个时间点没有缺失的数据进行相互补充，从而形成不含缺失数据的性别和族裔的变量。ECLS-K 的数据包含白人、黑人/非洲裔、非西班牙裔、西班牙裔、亚裔、夏威夷土著和其他太平洋岛居民等 8 个族裔。由于族裔是分类变量，研究中采用虚拟变量（dummy coding）进行编码。考虑到样本中白人学生所占百分比最大，因而将白人作为参考组。学校中白人学生所占的百分比通过学校中白人学生人数除以总学生数计算而来。

第三节 统计分析方法

一、缺失数据的处理

在本研究中，样本总量为6 912个学生，其中幼儿园、一年级、三年级及五年级学生阅读成绩的数据缺失率分别为4.60%、1.84%、1.00%和0.49%。数学成绩的数据缺失率分别为1.26%、0.36%、0.54%及0.48%。家庭社会经济地位的数据缺失率为0.32%。

缺失数据是追踪研究中最为突出的问题。追踪研究中的缺失数据主要源于数据收集期间受测者的流失和其他形式的缺失，比如搬迁、漏填、死亡或其他原因。对研究者而言，如何处理缺失数据无疑是一个非常具有挑战性的工作。以下首先对缺失数据的常见处理方法进行回顾。

缺失数据的出现有很多种原因，根据缺失数据的来源可以将缺失机制分为完全随机缺失（Missing Completely at Random，MCAR）、随机缺失（Missing at Random，MAR）和非随机缺失（Missing Not at Random，MNAR）。根据不同的缺失机制，研究者发展出了多种方法来处理缺失数据（Graham，2009；Graham，Cumsille，& Elek-Fisk，2003），包括：列删法（Listwise Deletion）、成对删除法（Pairwise Deletion）、平均值替代法、回归插值法、权重法（Weighting Procedures）、多组插值法（Imputation-based Procedures）、基于模型的方法（Model-based Approaches）。利特勒和鲁宾则将处理数据缺失的方法归为四种类型（Little & Rubin，1989）：列删法、权重法、多组插值法、基于模型的方法。

（一）列删法

列删法可用来处理完全随机缺失的数据。列删法即将含有缺失数据的个体删除，保存具有完整数据记录的个体，使数据平衡，便于计算。如受测者 A 的性别没有被记录下来，那么就把受测者 A 的所有记录删掉。但如果每个个体都有少量的变量缺失，那么删掉所有含有缺失数据的个体可能会使总样本量变得非常小，从而损失许多有用的信息，降低估计的效应力（power）。因此，这种方法适用于数据缺失较少的情况，但是它不能产生最好的估计。另外，当数据不满足完全随机缺失假设时，由于删除一系列潜在的有用信息，它产生的估计存在大样本估计偏差（Muthen，Kaplan，& Hollis，1987）。

（二）权重法

权重法通常采用均值替代法，比如用组的平均值代替组内的缺失数据，得到同样的总体平均值估计。但这种方法低估了组内方差，因而无法得到同样的抽样方差估计，除非对含有插值的数据进行矫正。

（三）插值法

插值法主要有四种：(1) 随机插值，即根据缺失值的各种情况随机填补数据。(2) 等概率插值，比如，在性别缺失时以50%的概率将男女性别分别填补缺失数据。(3) 依概率插值，与随机插值的情况不一样，依概率插值是在事先知道一个变量取各种值的概率，比如，性别缺失，事先我们知道男女所占的比例，男为30%，女为70%，则在某一个体性别信息缺失时，就按男女比例3∶7对缺失值插入。(4) 就近插值，即根据缺失值附近的其他纪录的情况进行插值。此外，还有回归插值、热案法（hot-deck）等。为保证统计推断的有效，对插值法的选择须根据具体情况而定。

在插值法中，最有效的方法为多组插值法（Multiple Imputations）。它是将缺失数据作为因变量，把其他所有的变量作为预测值，用回归分析计算出缺失数据，作为真实的数据。该方法是在进行模型分析之前，就已做好缺失数据的插值；插值的计算可使用专门的工具，目前以NORM软件（Schafer，1999）较为常用。多组插值法是利用数据扩充来模拟随机抽取，能够对缺失数据进行合理的估计，因此为研究者所推荐（Graham，2009；Schafer，2001）。

多组插值法通过三个步骤完成数据扩充（Tanner & Wong，1987）：第一步，插值，即对缺失数据进行m次插值（一般m至少要大于等于5）。插入的值是从分布中抽取出来。这一步可得到m个完整的数据集。第二步，分析，即对m个完整的数据分别进行分析，得到m个数据结果。第三步，汇合，即将m套分析结果整合成最终的结果。这一步是将 m 个重复分析的结果计算均值、方差、置信区间及 p 值。一般来说，这个计算比较简单（Graham，2009；Graham et al.，2003）。

研究者使用多组插值法时，得到的是完整的数据，因此研究者不需要担心计算量的问题。而其唯一的缺点是基于模拟产生数据。如果研究者使用同一个数据集进行多组插值，每次得到的结果会稍有不同。

（四）基于模型的方法

基于模型的缺失值处理方法（Duncan，Duncan，& Strycker，2006）是指对缺失数据定义一个模型，然后通过程序（如极大似然估计法）来估计模型的参数。简单来说，就是将通常的结构方程模型扩展为包含平均值和回归截距的模型，根据不同的缺失模式将样本分组，通过多组比较的方法，将平均值和回归截距限制成相等，从而获得无偏和一致的估计。这种方法假定缺失数据组和非缺失数据组具有跨组不变性，从而保证了对模型参数的正确估计。多组比较一般采用卡方差异检验，其具体步骤如下：

（1）定义非限制性模型（Unrestricted Model）H_1：缺失数据模型和非缺失数据模型中的方差、协方差及观察变量的均值自由估计。

（2）定义限制性模型（Restricted Model）H_0：缺失数据模型和非缺失数据模型中的方差、协方差及观察变量的均值限定相等。

（3）在假设的模型——可以忽略的反应机制和随机缺失的条件下，比较两个模型 H_0 和 H_1 的卡方差异。首先通过软件计算出 H_0 和 H_1 的卡方值和自由度；接着计算卡方差值和自由度差值：$\chi^2_{H0} - \chi^2_{H1} = \Delta\chi^2$，

$\Delta df = df_{H0} - df_{H1}$；然后查$\chi^2$表，判断$\Delta\chi^2(\Delta df)$是否显著。如果不显著，就说明无法拒绝零假设，可以将缺失数据的机制看成是可以忽略的反应机制和随机缺失，通过极大似然估计可以得到正确的参数估计。即使随机缺失的机制不能成立，相比于其他缺失数据的处理方法，通过多组分析得到的估计偏差较小（Muthen et al.，1987）。

极大似然估计法是一种基于模型估计的方法，也是一种较为有效的缺失数据处理方法。与多组插值法的程序不一样，它不直接插入数值，而是直接在模型中进行迭代，直到收敛为止。研究者发现，极大似然估计的插入法比其他处理缺失数值的方法来得更加有效（Jamshidian & Bentler，1999）。然而极大似然估计法有两个局限性。一是，一旦定义好模型，就无法包含其他变量作为辅助变量来估计缺失值，而在缺失值估计中可以加入辅助变量，可以提高估计的效应力，减少估计偏差。二是，如果采用不同的统计模型处理相同的数据，估计缺失值的计算可能不一样（Graham，2009；Sinharay，Stern，& Russell，2001；Yoo，2009）。尽管有这些缺陷，极大似然估计在已有的软件中很容易应用，比如 Mplus、Lisrel 和 Amos。

（五）小结

处理缺失值的方法有多种，选择哪种方法处理缺失值将直接影响模型参数估计结果的可靠性。缺失值处理方法的选择要视具体的数据缺失机制而定。文献上比较可靠并最经常用到的方法是极大似然估计法和多组插值法。虽然极大似然估计法和多组插值法各有缺陷，但对非正态分布的数据的估计皆相对较为稳健（Graham，2009）。对比极大似然估计法和多组插值法，极大似然估计法的实现方式更加的简便，如 Mplus 默认的缺失数据处理方法就是极大似然估计法。目前该软件也提供多组插值法处理缺失数据。两种方法的实现方式不一样，但往往得到的结果相近，也较为可靠。

从统计的角度来看，最好的缺失值处理方法必须具备以下三个条件：(1) 考虑到所有造成数据缺失的可能原因。(2) 使用相同的分析模型去处理缺失数据，比如，我们要进行结构方程模型的分析，那么最好的方法就是使用结构方程模型来处理缺失数据。(3) 提供一致和有效的参数估计。选择处理缺失值的方法需根据数据本身的缺失情况，选择适合的方法进行分析处理。

因此，这里采用多种方法处理缺失数据。首先，对于性别和族裔，本研究采用插值法处理缺失数据，根据前后波所收集的数据，对性别和族裔进行差异分析。其次，在计算同伴社会经济地位及能力分组指标时，首先对个体的家庭社会经济地位、阅读成绩和数学成绩采用多组插值法，然后计算学校层面的同伴社会经济地位和阅读及数学的能力分组。而在模型分析时，则采用极大似然估计法来处理缺失数据。

下一节将分别探讨家庭社会经济地位、同伴社会经济地位以及能力分组对学生阅读和数学成绩的影响的统计模型。

二、阅读成绩的统计分析模型

多层线性模型（Hierarchical Linear Modeling，HLM）或者多水平

模型（Multilevel Modeling）是专门用于处理嵌套结构的数据的方法，比如，学生嵌套于学校，重复测量嵌套于个体（Raudenbush & Bryke，2002；Goldstein，2001）。对于重复测量的数据，多层线性模型可以用来探索个体的成长趋势、不同个体成长趋势间的差异，以及个体的特征变量对个体成长趋势的影响。此外，多层线性模型还可以用来同时回答个体间的差异及学校间的差异，及学校的特征变量对学生的影响。

然而，多层线性模型也有其局限性。首先，当采用增长模型（Growth Modeling）探讨学校层面的变量对个体成长的影响时，只能看到学校变量对成长模型的截距和斜率的影响，无法得知学校变量对各个时间点的影响及时间点之间的差异，故这种影响只是平均效应。其次，当个体变量和学校变量都随时间变化时，如果既想看个体的变化趋势，又想看多个学校变量的变化趋势对个体变化趋势的影响，多层线性模型无法解决这个问题。一般只能采用妥协的办法进行处理，对学校变量的多个时间点取均值，或者只使用其中一个时间点的数据。这种处理方法往往会丢掉很多信息。

基于 ECLS-K 数据的嵌套结构及随时间变化的变量，根据赵明明和麦克布赖德-张的建议（Chiu & McBride-Chang，2006），对于阅读成绩的分析需要包含个体、家长及学校的变量。本研究使用了一种新的方法——多因变量多水平模型（Multivariate Hierarchical Linear Modeling，MHLM）。MHLM 的方法不仅可以解决多个同时随时间变化的变量，也可以比较不同时间点的变量及变量之间的变化的效应。而且，MHLM 可以将 3 层嵌套结构简化成 2 层嵌套结构，其实质是将第一层随时间变化的变量看成测量成长趋势的测量指标。接下来就

MHLM 的方法及分析过程进行详细的描述。

首先，本研究先运行零模型，即模型中除了因变量之外，在个体层面和学校层面均不包含任何的预测变量。零模型的目的是获得个体层面和学校层面能够解释各个时间点的阅读成绩的方差，以判断是否有必要进行学校水平的分析。公式如模型 1 所示。

模型 1

水平 1：学生水平

$Read_{bij} = \beta_{b0j} + e_{b0}$

$Read_{0ij} = \beta_{00j} + e_{00j}$

$Read_{1ij} = \beta_{10j} + e_{10j}$

$Read_{3ij} = \beta_{30j} + e_{30j}$

$Read_{5ij} = \beta_{50j} + e_{50j}$

水平 2：学校水平

$\beta_{b0j} = \beta_{b00} + \varepsilon_{b0j}$

$\beta_{10j} = \beta_{000} + \varepsilon_{00j}$

$\beta_{20j} = \beta_{100} + \varepsilon_{10j}$

$\beta_{30j} = \beta_{300} + \varepsilon_{30j}$

$\beta_{50j} = \beta_{500} + \varepsilon_{50j}$

其中，$Read_{bij}$、$Read_{0ij}$、$Read_{1ij}$、$Read_{3ij}$、$Read_{5ij}$ 分别为第 j 所学校第 i 个学生在幼儿园秋季、幼儿园春季、一年级春季、三年级春季及五年级春季的阅读成绩。β_{b0j}、β_{00j}、β_{10j}、β_{30j}、β_{50j} 分别为第 j 所学校学生在幼儿园秋季、幼儿园春季、一年级春季、三年级春季及五年级春季的阅读成绩的均值；β_{b00}、β_{000}、β_{100}、β_{300}、β_{500}分别为学生在幼儿园秋季、幼儿园春季、一年级春季、三年级春季及五年级春季的阅读成绩的均值。e_{bij}、e_{0ij}、e_{1ij}、e_{3ij}、e_{5ij}分别为第j所学校第i个个体在幼儿园秋季、幼儿园春季、一年级春季、三年级春季及五年级春季的阅读成绩在个体层面上的测量误差。ε_{b0j}、ε_{00j}、ε_{10j}、ε_{30j}、ε_{50j}分别为幼儿园秋季、幼儿园春季、一年级春季、三年级春季及五年级春季学生阅读成绩在学校层面的残差。

在模型 1 的基础上，模型 2 中加入了个体家庭社会经济地位，家庭社会经济地位的斜率在学校水平上自由估计。学生的学校平均阅读成绩在学校层面上自由估计。由此，本研究获得了社会经济地位与学生学业成绩在每个时间点的相关系数。公式如模型 2 所示。

模型 2

水平 1：学生水平

$$Read_{bij} = \beta_{b0j} + \beta_{b1j}SES_{ij} + e_{bij}$$

$$Read_{0ij} = \beta_{00j} + \beta_{01j}SES_{ij} + e_{0ij}$$

$$Read_{1ij} = \beta_{10j} + \beta_{11j}SES_{ij} + e_{1ij}$$

$$Read_{3ij} = \beta_{30j} + \beta_{31j}SES_{ij} + e_{3ij}$$

$$Read_{5ij} = \beta_{50j} + \beta_{51j}SES_{ij} + e_{5ij}$$

水平 2：学校水平

$$\beta_{b0j} = \beta_{b00} + \varepsilon_{b0j}$$

$$\beta_{00j} = \beta_{000} + \varepsilon_{00j}$$

$$\beta_{10j} = \beta_{100} + \varepsilon_{10j}$$

$$\beta_{30j} = \beta_{300} + \varepsilon_{30j}$$

$$\beta_{50j} = \beta_{500} + \varepsilon_{50j}$$

$$\beta_{b1j} = \beta_{b10} + \varepsilon_{b1j}$$

$$\beta_{01j} = \beta_{010} + \varepsilon_{01j}$$

$$\beta_{11j} = \beta_{110} + \varepsilon_{11j}$$

$$\beta_{31j} = \beta_{310} + \varepsilon_{31j}$$

$$\beta_{51j} = \beta_{510} + \varepsilon_{51j}$$

其中，SES_{ij} 是第 j 所学校第 i 个学生的家庭社会经济地位。β_{b1j}、β_{01j}、β_{11j}、β_{31j}、β_{51j} 分别为第 j 所学校中个体家庭社会经济地位与学生学业成绩在幼儿园秋季、幼儿园春季、一年级春季、三年级春季及五年级春季的相关系数。β_{b10}、β_{010}、β_{110}、β_{310}、β_{510} 分别为个体家庭社会经济地位与学生阅读成绩在幼儿园秋季、幼儿园春季、一年级春季、三年级春季及五年级春季的平均相关系数。ε_{b1j}、ε_{01j}、ε_{11j}、ε_{31j}、ε_{51j} 分别为家庭社会经济地位与学生阅读成绩的关系在学校之间的差异。

在模型 2 的基础上，模型 3 在个体水平上加入了前一个年级或测量时间点的阅读成绩、性别（$Gender_{ij}$）及族裔（$\sum \mathrm{Race}_{ij}$）；在学校水平上加入了白人学生的百分比（$White\%_j$）作为控制变量。除了个体家庭社会经济地位对学生阅读成绩的影响在学校层面上自由估计（β_{b1j}、β_{01j}、β_{11j}、β_{31j}、β_{51j}），性别及族裔对学生阅读成绩的影响在学校水平上的随机效应固定为 0（ε_{b1j}—ε_{50j}、β_{b3j}—β_{53j} 及 β_{b4j}—β_{54j}）。公式如模型 3 所示。从这个模型中，可以获得在控制了个体的特征变量及学校的特征变量之后，家庭社会经济地位对不同年级的阅读成绩的影响。

模型 3

水平 1：学生水平

$$Read_{bij} = \beta_{b0j} + \beta_{b1j} SES_{ij} + e_{bij}$$

$$Read_{0ij} = \beta_{00j} + \beta_{01j} Read_{bij} + \beta_{02j} SES_{ij} + \beta_{03j} Gender_{ij} + \beta_{04j} \sum \mathrm{Race}_{ij} + e_{0ij}$$

$$Read_{1ij} = \beta_{10j} + \beta_{11j} Read_{0ij} + \beta_{12j} SES_{ij} + \beta_{13j} Gender_{ij} + \beta_{14j} \sum \mathrm{Race}_{ij} + e_{1ij}$$

$$Read_{3ij} = \beta_{30j} + \beta_{31j} Read_{1ij} + \beta_{32j} SES_{ij} + \beta_{33j} Gender_{ij} + \beta_{34j} \sum \mathrm{Race}_{ij} + e_{3ij}$$

$$Read_{5ij} = \beta_{50j} + \beta_{51j} Read_{3ij} + \beta_{52j} SES_{ij} + \beta_{53j} Gender_{ij} + \beta_{54j} \sum \mathrm{Race}_{ij +} e_{5ij}$$

水平 2：学校水平

$$\beta_{b0j} = \beta_{b00} + \beta_{b01} White\%_{j} + \varepsilon_{b0j}$$

$$\beta_{00j} = \beta_{000} + \beta_{001} White\%_{j} + \varepsilon_{00j}$$

$$\beta_{10j} = \beta_{100} + \beta_{101} White\%_{j} + \varepsilon_{10j}$$

$$\beta_{30j} = \beta_{300} + \beta_{302} White\%_{j} + \varepsilon_{30j}$$

$$\beta_{50j} = \beta_{500} + \beta_{502} White\%_{j} + \varepsilon_{50j}$$

$$\beta_{01j} = \beta_{010}$$

$$\beta_{11j} = \beta_{110}$$

$$\beta_{31j} = \beta_{310}$$

$$\beta_{51j} = \beta_{510}$$

$$\beta_{b1j} = \beta_{b10} + \varepsilon_{b1j}$$

$$\beta_{02j} = \beta_{020} + \varepsilon_{02j}$$

$\beta_{12j} = \beta_{120} + \varepsilon_{12j}$

$\beta_{32j} = \beta_{320} + \varepsilon_{32j}$

$\beta_{52j} = \beta_{520} + \varepsilon_{52j}$

$\beta_{03j} = \beta_{030}$

$\beta_{13j} = \beta_{130}$

$\beta_{33j} = \beta_{330}$

$\beta_{53j} = \beta_{530}$

$\beta_{04j} = \beta_{040}$

$\beta_{14j} = \beta_{140}$

$\beta_{34j} = \beta_{340}$

$\beta_{54j} = \beta_{540}$

在模型 3 的基础上，模型 4 在学校水平上加入了同伴社会经济地位（$MSES_j$），并将其作为个体家庭社会经济地位和阅读成绩的调节变量。在这个模型中，只要在个体水平上控制了家庭社会经济地位、学生的性别和族裔，在学校水平上控制了白人学生所占的百分比之后，就能获得同伴家庭社会经济地位对每个年级学生阅读成绩的影响（β_{b02}、β_{002}、β_{102}、β_{302}、β_{502}），以及同伴家庭社会经济地位对个体家庭社会经济地位与学生学业之间的中介作用（β_{b11}、β_{021}、β_{121}、β_{321}、β_{521}）。公式如模型 4 所示。

模型 4

水平 1：学生水平

$Read_{bij} = \beta_{b0j} + \beta_{b1j} SES_{ij} + e_{bij}$

$Read_{0ij} = \beta_{00j} + \beta_{01j} Read_{bij} + \beta_{02j} SES_{ij} + \beta_{03j} Gender_{ij} + \beta_{04j} \sum \mathrm{Race}_{ij} + e_{0ij}$

$$Read_{1ij} = \beta_{10j} + \beta_{11j} Read_{0ij} + \beta_{12j} SES_{ij} + \beta_{13j} Gender_{ij} + \beta_{14j} \sum \mathrm{Race}_{ij} + e_{1ij}$$

$$Read_{3ij} = \beta_{30j} + \beta_{31j} Read_{1ij} + \beta_{32j} SES_{ij} + \beta_{33j} Gender_{ij} + \beta_{34j} \sum \mathrm{Race}_{ij} + e_{3ij}$$

$$Read_{5ij} = \beta_{50j} + \beta_{51j} Read_{3ij} + \beta_{52j} SES_{ij} + \beta_{53j} Gender_{ij} + \beta_{54j} \sum \mathrm{Race}_{ij} + e_{5ij}$$

水平 2：学校水平

$$\beta_{b0j} = \beta_{b00} + \beta_{b01} White\%_j + \beta_{b02} MSES_j + \varepsilon_{b0j}$$

$$\beta_{00j} = \beta_{000} + \beta_{001} White\%_j + \beta_{002} MSES_j + \varepsilon_{00j}$$

$$\beta_{10j} = \beta_{100} + \beta_{101} White\%_j + \beta_{102} MSES_j + \varepsilon_{10j}$$

$$\beta_{30j} = \beta_{300} + \beta_{302} White\%_j + \beta_{302} MSES_j + \varepsilon_{30j}$$

$$\beta_{50j} = \beta_{500} + \beta_{502} White\%_j + \beta_{502} MSES_j + \varepsilon_{50j}$$

$$\beta_{01j} = \beta_{010}$$

$$\beta_{11j} = \beta_{110}$$

$$\beta_{31j} = \beta_{310}$$

$$\beta_{51j} = \beta_{510}$$

$$\beta_{b1j} = \beta_{b10} + \beta_{b11} MSES_j + \varepsilon_{b1j}$$

$$\beta_{02j} = \beta_{020} + \beta_{021} MSES_j + \varepsilon_{02j}$$

$$\beta_{12j} = \beta_{120} + \beta_{121} MSES_j + \varepsilon_{12j}$$

$$\beta_{32j} = \beta_{320} + \beta_{321} MSES_j + \varepsilon_{32j}$$

$$\beta_{52j} = \beta_{520} + \beta_{521} MSES_j + \varepsilon_{52j}$$

$$\beta_{03j} = \beta_{030}$$

$$\beta_{13j} = \beta_{130}$$

$$\beta_{33j} = \beta_{330}$$

$$\beta_{53j} = \beta_{530}$$

$\beta_{04j} = \beta_{040}$

$\beta_{14j} = \beta_{140}$

$\beta_{34j} = \beta_{340}$

$\beta_{54j} = \beta_{540}$

在模型 4 的基础上，模型 5 加入了能力分组的变量——班级学生阅读成绩的方差（$Vread_{bj}$—$Vread_{5j}$），从而获得不同年级的能力分组对学生阅读成绩的影响。公式如模型 5 所示。

模型 5

水平 1：学生水平

$Read_{bij} = \beta_{b0j} + \beta_{b1j} SES_{ij} + e_{bij}$

$Read_{0ij} = \beta_{00j} + \beta_{01j} Read_{bij} + \beta_{02j} SES_{ij} + \beta_{03j} Gender_{ij} + \beta_{04j} \sum \mathrm{Race}_{ij} + e_{0ij}$

$Read_{1ij} = \beta_{10j} + \beta_{11j} Read_{0ij} + \beta_{12j} SES_{ij} + \beta_{13j} Gender_{ij} + \beta_{14j} \sum \mathrm{Race}_{ij} + e_{1ij}$

$Read_{3ij} = \beta_{30j} + \beta_{31j} Read_{1ij} + \beta_{32j} SES_{ij} + \beta_{33j} Gender_{ij} + \beta_{34j} \sum \mathrm{Race}_{ij} + e_{3ij}$

$Read_{5ij} = \beta_{50j} + \beta_{51j} Read_{3ij} + \beta_{52j} SES_{ij} + \beta_{53j} Gender_{ij} + \beta_{54j} \sum \mathrm{Race}_{ij} + e_{5ij}$

水平 2：学校水平

$\beta_{b0j} = \beta_{b00} + \beta_{b01} White\%_j + \beta_{b02} MSES_j + \beta_{b13} Vread_{0j} + \varepsilon_{b0j}$

$\beta_{00j} = \beta_{000} + \beta_{001} White\%_j + \beta_{002} MSES_j + \beta_{003} Vread_{1j} + \varepsilon_{00j}$

$\beta_{10j} = \beta_{100} + \beta_{101} White\%_j + \beta_{102} MSES_j + \beta_{103} Vread_{2j} + \varepsilon_{10j}$

$\beta_{30j} = \beta_{300} + \beta_{302} White\%_j + \beta_{302} MSES_j + \beta_{303} Vread_{3j} + \varepsilon_{30j}$

$\beta_{50j} = \beta_{500} + \beta_{502} White\%_j + \beta_{502} MSES_j + \beta_{503} Vread_{5j} + \varepsilon_{50j}$

$\beta_{01j} = \beta_{010}$

$$\beta_{11j} = \beta_{110}$$

$$\beta_{31j} = \beta_{310}$$

$$\beta_{51j} = \beta_{510}$$

$$\beta_{b1j} = \beta_{b10} + \beta_{b11} MSES_j + \varepsilon_{b1j}$$

$$\beta_{02j} = \beta_{020} + \beta_{021} MSES_j + \varepsilon_{02j}$$

$$\beta_{12j} = \beta_{120} + \beta_{121} MSES_j + \varepsilon_{12j}$$

$$\beta_{32j} = \beta_{320} + \beta_{321} MSES_j + \varepsilon_{32j}$$

$$\beta_{52j} = \beta_{520} + \beta_{521} MSES_j + \varepsilon_{52j}$$

$$\beta_{03j} = \beta_{030}$$

$$\beta_{13j} = \beta_{130}$$

$$\beta_{33j} = \beta_{330}$$

$$\beta_{53j} = \beta_{530}$$

$$\beta_{04j} = \beta_{040}$$

$$\beta_{14j} = \beta_{140}$$

$$\beta_{34j} = \beta_{340}$$

$$\beta_{54j} = \beta_{540}$$

在模型 5 的基础上，模型 6 加入了每个年级同伴阅读成绩的方差，作为家庭社会经济地位和学业成绩之间关系的调节变量。公式如模型 6 所示。

模型 6

水平 1：学生水平

$$Read_{bij} = \beta_{b0j} + \beta_{b1j} SES_{ij} + e_{bij}$$

$$Read_{0ij} = \beta_{00j} + \beta_{01j}Read_{bij} + \beta_{02j}SES_{ij} + \beta_{03j}Gender_{ij} + \beta_{04j}\sum \mathrm{Race}_{ij} + e_{0ij}$$

$$Read_{1ij} = \beta_{10j} + \beta_{11j}Read_{0ij} + \beta_{12j}SES_{ij} + \beta_{13j}Gender_{ij} + \beta_{14j}\sum \mathrm{Race}_{ij} + e_{1ij}$$

$$Read_{3ij} = \beta_{30j} + \beta_{31j}Read_{1ij} + \beta_{32j}SES_{ij} + \beta_{33j}Gender_{ij} + \beta_{34j}\sum \mathrm{Race}_{ij} + e_{3ij}$$

$$Read_{5ij} = \beta_{50j} + \beta_{51j}Read_{3ij} + \beta_{52j}SES_{ij} + \beta_{53j}Gender_{ij} + \beta_{54j}\sum \mathrm{Race}_{ij} + e_{5ij}$$

水平 2：学校水平

$$\beta_{b0j} = \beta_{b00} + \beta_{b01}White\%_{j} + \beta_{b02}MSES_{j} + \beta_{b13}Vread_{0j} + \varepsilon_{b0j}$$

$$\beta_{00j} = \beta_{000} + \beta_{001}White\%_{j} + \beta_{002}MSES_{j} + \beta_{003}Vread_{1j} + \varepsilon_{00j}$$

$$\beta_{10j} = \beta_{100} + \beta_{101}White\%_{j} + \beta_{102}MSES_{j} + \beta_{103}Vread_{2j} + \varepsilon_{10j}$$

$$\beta_{30j} = \beta_{300} + \beta_{302}White\%_{j} + \beta_{302}MSES_{j} + \beta_{303}Vread_{3j} + \varepsilon_{30j}$$

$$\beta_{50j} = \beta_{500} + \beta_{502}White\%_{j} + \beta_{502}MSES_{j} + \beta_{503}Vread_{5j} + \varepsilon_{50j}$$

$$\beta_{01j} = \beta_{010}$$

$$\beta_{11j} = \beta_{110}$$

$$\beta_{31j} = \beta_{310}$$

$$\beta_{51j} = \beta_{510}$$

$$\beta_{b1j} = \beta_{b10} + \beta_{b11}MSES_{j} + \beta_{b12}Vread_{0j} + \varepsilon_{b1j}$$

$$\beta_{02j} = \beta_{020} + \beta_{021}MSES_{j} + \beta_{022}Vread_{1j} + \varepsilon_{02j}$$

$$\beta_{12j} = \beta_{120} + \beta_{121}MSES_{j} + \beta_{122}Vread_{2j} + \varepsilon_{12j}$$

$$\beta_{32j} = \beta_{320} + \beta_{321}MSES_{j} + \beta_{322}Vread_{3j} + \varepsilon_{32j}$$

$$\beta_{52j} = \beta_{520} + \beta_{521}MSES_{j} + \beta_{522}Vread_{5j} + \varepsilon_{52j}$$

$$\beta_{03j} = \beta_{030}$$

$$\beta_{13j} = \beta_{130}$$

$$\beta_{33j} = \beta_{330}$$

$$\beta_{53j} = \beta_{530}$$

$$\beta_{04j} = \beta_{040}$$

$$\beta_{14j} = \beta_{140}$$

$$\beta_{34j} = \beta_{340}$$

$$\beta_{54j} = \beta_{540}$$

β_{b1j}、β_{01j}、β_{11j}、β_{32j}和β_{52j}为家庭社会经济地位对学生学业成绩的影响在学校层面上的变异程度（即方差），其中，β_{12j}、β_{32j}和β_{52j}在学校水平上的方差不显著，因此在模型中将这三个残差（ε_{12j}、ε_{32j}和ε_{52j}）设定为 0（Searle，Casella，& McCulloch，1992）。全模型（模型 6）如图 2.1 所示。

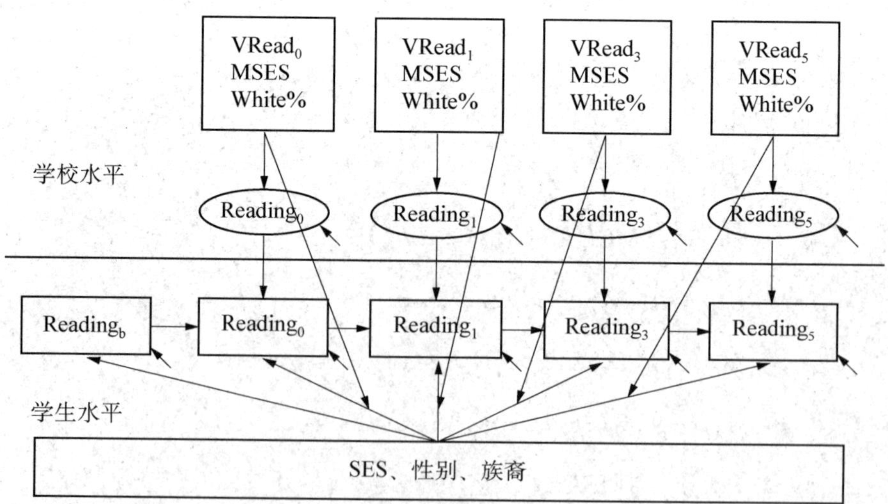

图 2.1　阅读成绩的多变量多水平模型

三、数学成绩的统计分析模型

我们采用与阅读成绩相同的统计分析模型分析家庭社会经济地位、同伴社会经济地位及能力分组对学生数学成绩的影响。为了比较不同变量对数学成绩的影响，我们首先运行零模型，随后在零模型的基础上逐步加入新的变量。具体如下。

首先，我们运行零模型，即模型中除了数学成绩之外，在个体层面和学校层面均不包含任何的预测变量。零模型的目的是获得个体层面和学校层面能够解释各个时间点的数学成绩的变异（Variance）。公式如模型 1 所示。

模型 1：

水平 1：学生水平

$$Math_{bj} = \beta_{b0j} + e_{b0}$$

$$Math_{0j} = \beta_{00j} + e_{00j}$$

$$Math_{1j} = \beta_{10j} + e_{10j}$$

$$Math_{3j} = \beta_{30j} + e_{30j}$$

$$Math_{5j} = \beta_{50j} + e_{50j}$$

水平 2：学校水平

$$\beta_{b0j} = \beta_{b00} + \varepsilon_{b0j}$$

$$\beta_{10j} = \beta_{000} + \varepsilon_{00j}$$

$$\beta_{20j} = \beta_{100} + \varepsilon_{10j}$$

$$\beta_{30j} = \beta_{300} + \varepsilon_{30j}$$

$$\beta_{50j} = \beta_{500} + \varepsilon_{50j}$$

其中，$Math_{bij}$、$Math_{0ij}$、$Math_{1j}$、$Math_{3ij}$、$Math_{5ij}$ 分别为第 j 所学校第 i 个学生在幼儿园秋季、幼儿园春季、一年级春季、三年级春季及五年级春季的数学成绩。β_{b0j}、β_{00j}、β_{20j}、β_{30j}、β_{50j} 分别为第 j 所学校学生在幼儿园秋季、幼儿园春季、一年级春季、三年级春季及五年级春季的数学成绩的均值；β_{b00}、β_{000}、β_{100}、β_{300}、β_{500} 分别为学生在幼儿园秋季、幼儿园春季、一年级春季、三年级春季及五年级春季的平均数学成绩。e_{bij}、e_{0ij}、e_{1ij}、e_{3ij}、e_{5ij} 分别为第 j 所学校第 i 个体在幼儿园秋季、幼儿园春季、一年级春季、三年级春季及五年级春季的数学成绩在个体层面上的测量误差。ε_{b0j}、ε_{00j}、ε_{10j}、ε_{30j}、ε_{50j} 分别为幼儿园秋季、幼儿园春季、一年级春季、三年级春季及五年级春季学生数学成绩在学校层面的残差。

在模型 1 的基础上，模型 2 中加入了个体家庭社会经济地位，家庭社会经济地位的斜率在学校水平上自由估计，学生的数学成绩在学校层面上依旧自由估计。由此可以获得家庭社会经济地位与学生数学成绩在每个时间点的相关系数，及家庭社会经济地位与数学成绩之间的关系在学校间的差异。公式如模型 2 所示。

模型 2

水平 1：学生水平

$$Math_{bij} = \beta_{b0j} + \beta_{b1j}SES_{ij} + e_{bij}$$

$$Math_{0ij} = \beta_{00j} + \beta_{01j}SES_{ij} + e_{0ij}$$

$$Math_{1ij} = \beta_{10j} + \beta_{11j}SES_{ij} + e_{1ij}$$

$$Math_{3ij} = \beta_{30j} + \beta_{31j} SES_{ij} + e_{3ij}$$

$$Math_{5ij} = \beta_{50j} + \beta_{51j} SES_{ij} + e_{5ij}$$

水平 2：学校水平

$$\beta_{b0j} = \beta_{b00} + \varepsilon_{b0j}$$

$$\beta_{00j} = \beta_{000} + \varepsilon_{00j}$$

$$\beta_{10j} = \beta_{100} + \varepsilon_{10j}$$

$$\beta_{30j} = \beta_{300} + \varepsilon_{30j}$$

$$\beta_{50j} = \beta_{500} + \varepsilon_{50j}$$

$$\beta_{b1j} = \beta_{b10} + \varepsilon_{b1j}$$

$$\beta_{01j} = \beta_{010} + \varepsilon_{01j}$$

$$\beta_{11j} = \beta_{110} + \varepsilon_{11j}$$

$$\beta_{31j} = \beta_{310} + \varepsilon_{31j}$$

$$\beta_{51j} = \beta_{510} + \varepsilon_{51j}$$

其中，SES_{ij}是第 j 所学校第 i 个学生的家庭社会经济地位。β_{b1j}、β_{01j}、β_{11j}、β_{31j}、β_{51j}分别为第 j 所学校中个体家庭社会经济地位与学生数学成绩在幼儿园秋季、幼儿园春季、一年级春季、三年级春季及五年级春季的相关系数。β_{b10}、β_{010}、β_{110}、β_{310}、β_{510}分别为个体的社会经济地位与学生数学成绩在幼儿园秋季、幼儿园春季、一年级春季、三年级春季及五年级春季的平均相关系数。ε_{b1j}、ε_{01j}、ε_{11j}、ε_{31j}、ε_{51j}分别为家庭社会经济地位与学生数学成绩的关系在学校之间的差异。

在模型 2 的基础上，模型 3 在个体水平上加入了前一个年级或测量时间点的数学成绩、性别（$Gender_{ij}$）及族裔（$\sum \mathrm{Race}_{ij}$）；在学校水平上加入白人学生的百分比（$White\%_j$）作为控制变量。除了个体家庭社会经济地位对学生数学成绩影响在学校层面上自由估计（β_{b1j}、β_{01j}、β_{11j}、β_{31j}、β_{51j}），性别及族裔对学生阅读成绩的影响在学校水平上的随机效应固定为 0（ε_{b1j}—ε_{50j}、β_{b3j}—β_{53j} 及 β_{b4j}—β_{54j}）。公式如模型 3 所示。从这个模型中，可以获得在控制了个体之前的数学成绩、性别及族裔之后，家庭社会经济地位对不同年级的数学成绩的影响。

模型 3：

水平 1：学生水平

$$Math_{bij} = \beta_{b0j} + \beta_{b1j} SES_{ij} + e_{bij}$$

$$Math_{0ij} = \beta_{00j} + \beta_{01j} Math_{bij} + \beta_{02j} SES_{ij} + \beta_{03j} Gender_{ij} + \beta_{04j} \sum \text{Race}_{ij} + e_{0ij}$$

$$Math_{1ij} = \beta_{10j} + \beta_{11j} Math_{0ij} + \beta_{12j} SES_{ij} + \beta_{13j} Gender_{ij} + \beta_{14j} \sum \text{Race}_{ij} + e_{1ij}$$

$$Math_{3ij} = \beta_{30j} + \beta_{31j} Math_{1ij} + \beta_{32j} SES_{ij} + \beta_{33j} Gender_{ij} + \beta_{34j} \sum \text{Race}_{ij} + e_{3ij}$$

$$Math_{5ij} = \beta_{50j} + \beta_{51j} Math_{3ij} + \beta_{52j} SES_{ij} + \beta_{53j} Gender_{ij} + \beta_{54j} \sum \text{Race}_{ij} + e_{5ij}$$

水平 2：学校水平

$$\beta_{b0j} = \beta_{b00} + \beta_{b01} White\%_j + \varepsilon_{b0j}$$

$$\beta_{00j} = \beta_{000} + \beta_{001} White\%_j + \varepsilon_{00j}$$

$$\beta_{10j} = \beta_{100} + \beta_{101} White\%_j + \varepsilon_{10j}$$

$$\beta_{30j} = \beta_{300} + \beta_{302} White\%_j + \varepsilon_{30j}$$

$$\beta_{50j} = \beta_{500} + \beta_{502} White\%_j + \varepsilon_{50j}$$

$$\beta_{01j} = \beta_{010}$$

$$\beta_{11j} = \beta_{110}$$

$$\beta_{31j} = \beta_{310}$$

$$\beta_{51j} = \beta_{510}$$

$$\beta_{b1j} = \beta_{b10} + \varepsilon_{b1j}$$

$$\beta_{02j} = \beta_{020} + \varepsilon_{02j}$$

$$\beta_{12j} = \beta_{120} + \varepsilon_{12j}$$

$$\beta_{32j} = \beta_{320} + \varepsilon_{32j}$$

$$\beta_{52j} = \beta_{520} + \varepsilon_{52j}$$

$$\beta_{03j} = \beta_{030}$$

$$\beta_{13j} = \beta_{130}$$

$$\beta_{33j} = \beta_{330}$$

$$\beta_{53j} = \beta_{530}$$

$$\beta_{04j} = \beta_{040}$$

$$\beta_{14j} = \beta_{140}$$

$$\beta_{34j} = \beta_{340}$$

$$\beta_{54j} = \beta_{540}$$

在模型 3 的基础上，模型 4 在学校水平上加入同伴家庭社会经济地位（$MSES_j$），并将其作为个体家庭社会经济地位和数学成绩之间的调节变量。在这个模型中，只要控制了个体家庭社会经济地位、个体的性别和族裔及学校白人学生的百分比之后，就能获得同伴社会经济地位对每个年级数学成绩的影响（β_{b02}、β_{002}、β_{102}、β_{302}、β_{502}），以及同伴社会经济地位对个体社会经济地位与学生阅读成绩的中介作用（β_{b11}、β_{021}、β_{121}、β_{321}、β_{521}）。公式如模型 4 所示。

模型 4

水平 1：学生水平

$$Math_{bij} = \beta_{b0j} + \beta_{b1j} SES_{ij} + e_{bij}$$

$$Math_{0ij} = \beta_{00j} + \beta_{01j} Math_{bij} + \beta_{02j} SES_{ij} + \beta_{03j} Gender_{ij} + \beta_{04j} \sum \text{Race}_{ij} + e_{0ij}$$

$$Math_{1ij} = \beta_{10j} + \beta_{11j} Math_{0ij} + \beta_{12j} SES_{ij} + \beta_{13j} Gender_{ij} + \beta_{14j} \sum \text{Race}_{ij} + e_{1ij}$$

$$Math_{3ij} = \beta_{30j} + \beta_{31j} Math_{1ij} + \beta_{32j} SES_{ij} + \beta_{33j} Gender_{ij} + \beta_{34j} \sum \text{Race}_{ij} + e_{3ij}$$

$$Math_{5ij} = \beta_{50j} + \beta_{51j} Math_{3ij} + \beta_{52j} SES_{ij} + \beta_{53j} Gender_{ij} + \beta_{54j} \sum \text{Race}_{ij} + e_{5ij}$$

水平 2：学校水平

$$\beta_{b0j} = \beta_{b00} + \beta_{b01} White\%_j + \beta_{b02} MSES_j + \varepsilon_{b0j}$$

$$\beta_{00j} = \beta_{000} + \beta_{001} White\%_j + \beta_{002} MSES_j + \varepsilon_{00j}$$

$$\beta_{10j} = \beta_{100} + \beta_{101} White\%_j + \beta_{102} MSES_j + \varepsilon_{10j}$$

$$\beta_{30j} = \beta_{300} + \beta_{302} White\%_j + \beta_{302} MSES_j + \varepsilon_{30j}$$

$$\beta_{50j} = \beta_{500} + \beta_{502} White\%_j + \beta_{502} MSES_j + \varepsilon_{50j}$$

$$\beta_{01j} = \beta_{010}$$

$$\beta_{11j} = \beta_{110}$$

$$\beta_{31j} = \beta_{310}$$

$$\beta_{51j} = \beta_{510}$$

$$\beta_{b1j} = \beta_{b10} + \beta_{b11} MSES_j + \varepsilon_{b1j}$$

$$\beta_{02j} = \beta_{020} + \beta_{021} MSES_j + \varepsilon_{02j}$$

$$\beta_{12j} = \beta_{120} + \beta_{121} MSES_j + \varepsilon_{12j}$$

$$\beta_{32j} = \beta_{320} + \beta_{321} MSES_j + \varepsilon_{32j}$$

$\beta_{52j} = \beta_{520} + \beta_{521} MSES_j + \varepsilon_{52j}$

$\beta_{03j} = \beta_{030}$

$\beta_{13j} = \beta_{130}$

$\beta_{33j} = \beta_{330}$

$\beta_{53j} = \beta_{530}$

$\beta_{04j} = \beta_{040}$

$\beta_{14j} = \beta_{140}$

$\beta_{34j} = \beta_{340}$

$\beta_{54j} = \beta_{540}$

在模型 4 的基础上，模型 5 加入了能力分组的变量——学校数学成绩的方差（$VMath_{bj}$—$VMath_{5j}$），从而获得不同年级的能力分组对学生数学成绩的影响。公式如模型 5 所示。

模型 5

水平 1：学生水平

$Math_{bij} = \beta_{b0j} + \beta_{b1j} SES_{ij} + e_{bij}$

$Math_{0ij} = \beta_{00j} + \beta_{01j} Math_{bij} + \beta_{02j} SES_{ij} + \beta_{03j} Gender_{ij} + \beta_{04j} \sum \mathrm{Race}_{ij} + e_{0ij}$

$Math_{1ij} = \beta_{10j} + \beta_{11j} Math_{0ij} + \beta_{12j} SES_{ij} + \beta_{13j} Gender_{ij} + \beta_{14j} \sum \mathrm{Race}_{ij} + e_{1ij}$

$Math_{3ij} = \beta_{30j} + \beta_{31j} Math_{1ij} + \beta_{32j} SES_{ij} + \beta_{33j} Gender_{ij} + \beta_{34j} \sum \mathrm{Race}_{ij} + e_{3ij}$

$Math_{5ij} = \beta_{50j} + \beta_{51j} Math_{3ij} + \beta_{52j} SES_{ij} + \beta_{53j} Gender_{ij} + \beta_{54j} \sum \mathrm{Race}_{ij} + e_{5ij}$

水平 2：学校水平

$\beta_{b0j} = \beta_{b00} + \beta_{b01} White\%_j + \beta_{b02} MSES_j + \beta_{b13} VMath_{bj} + \varepsilon_{b0j}$

$$\beta_{00j} = \beta_{000} + \beta_{001} White\%_j + \beta_{002} MSES_j + \beta_{003} VMath_{0j} + \varepsilon_{00j}$$

$$\beta_{10j} = \beta_{100} + \beta_{101} White\%_j + \beta_{102} MSES_j + \beta_{103} VMath_{1j} + \varepsilon_{10j}$$

$$\beta_{30j} = \beta_{300} + \beta_{302} White\%_j + \beta_{302} MSES_j + \beta_{303} VMath_{3j} + \varepsilon_{30j}$$

$$\beta_{50j} = \beta_{500} + \beta_{502} White\%_j + \beta_{502} MSES_j + \beta_{503} VMath_{5j} + \varepsilon_{50j}$$

$$\beta_{01j} = \beta_{010}$$

$$\beta_{11j} = \beta_{110}$$

$$\beta_{31j} = \beta_{310}$$

$$\beta_{51j} = \beta_{510}$$

$$\beta_{b1j} = \beta_{b10} + \beta_{b11} MSES_j + \varepsilon_{b1j}$$

$$\beta_{02j} = \beta_{020} + \beta_{021} MSES_j + \varepsilon_{02j}$$

$$\beta_{12j} = \beta_{120} + \beta_{121} MSES_j + \varepsilon_{12j}$$

$$\beta_{32j} = \beta_{320} + \beta_{321} MSES_j + \varepsilon_{32j}$$

$$\beta_{52j} = \beta_{520} + \beta_{521} MSES_j + \varepsilon_{52j}$$

$$\beta_{03j} = \beta_{030}$$

$$\beta_{13j} = \beta_{130}$$

$$\beta_{33j} = \beta_{330}$$

$$\beta_{53j} = \beta_{530}$$

$$\beta_{04j} = \beta_{040}$$

$$\beta_{14j} = \beta_{140}$$

$$\beta_{34j} = \beta_{340}$$

$$\beta_{54j} = \beta_{540}$$

在模型 5 的基础上，模型 6 加入了每个年级同伴数学成绩的方差，作为家庭社会经济地位和数学成绩之间关系的调节变量。公式如模型 6 所示。

模型 6

水平 1：学生水平

$$Math_{bij} = \beta_{b0j} + \beta_{b1j} SES_{ij} + e_{bij}$$

$$Math_{0ij} = \beta_{00j} + \beta_{01j} Math_{bij} + \beta_{02j} SES_{ij} + \beta_{03j} Gender_{ij} + \beta_{04j} \sum \mathrm{Race}_{ij} + e_{0ij}$$

$$Math_{1ij} = \beta_{10j} + \beta_{11j} Math_{0ij} + \beta_{12j} SES_{ij} + \beta_{13j} Gender_{ij} + \beta_{14j} \sum \mathrm{Race}_{ij} + e_{1ij}$$

$$Math_{3ij} = \beta_{30j} + \beta_{31j} Math_{1ij} + \beta_{32j} SES_{ij} + \beta_{33j} Gender_{ij} + \beta_{34j} \sum \mathrm{Race}_{ij} + e_{3ij}$$

$$Math_{5ij} = \beta_{50j} + \beta_{51j} Math_{3ij} + \beta_{52j} SES_{ij} + \beta_{53j} Gender_{ij} + \beta_{54j} \sum \mathrm{Race}_{ij} + e_{5ij}$$

水平 2：学校水平

$$\beta_{b0j} = \beta_{b00} + \beta_{b01} White\%_j + \beta_{b02} MSES_j + \beta_{b13} VMath_{0j} + \varepsilon_{b0j}$$

$$\beta_{00j} = \beta_{000} + \beta_{001} White\%_j + \beta_{002} MSES_j + \beta_{003} VMath_{1j} + \varepsilon_{00j}$$

$$\beta_{10j} = \beta_{100} + \beta_{101} White\%_j + \beta_{102} MSES_j + \beta_{103} VMath_{2j} + \varepsilon_{10j}$$

$$\beta_{30j} = \beta_{300} + \beta_{302} White\%_j + \beta_{302} MSES_j + \beta_{303} VMath_{3j} + \varepsilon_{30j}$$

$$\beta_{50j} = \beta_{500} + \beta_{502} White\%_j + \beta_{502} MSES_j + \beta_{503} VMath_{5j} + \varepsilon_{50j}$$

$$\beta_{01j} = \beta_{010}$$

$$\beta_{11j} = \beta_{110}$$

$$\beta_{31j} = \beta_{310}$$

$$\beta_{51j} = \beta_{510}$$

$$\beta_{b1j} = \beta_{b10} + \beta_{b11} MSES_j + \beta_{b12} VMath_{0j} + \varepsilon_{b1j}$$

$$\beta_{02j} = \beta_{020} + \beta_{021} MSES_j + \beta_{022} VMath_{1j} + \varepsilon_{02j}$$

$$\beta_{12j} = \beta_{120} + \beta_{121} MSES_j + \beta_{122} VMath_{2j} + \varepsilon_{12j}$$

$$\beta_{32j} = \beta_{320} + \beta_{321} MSES_j + \beta_{322} VMath_{3j} + \varepsilon_{32j}$$

$$\beta_{52j} = \beta_{520} + \beta_{521}MSES_j + \beta_{522}VMath_{5j} + \varepsilon_{52j}$$

$$\beta_{03j} = \beta_{030}$$

$$\beta_{13j} = \beta_{130}$$

$$\beta_{33j} = \beta_{330}$$

$$\beta_{53j} = \beta_{530}$$

$$\beta_{04j} = \beta_{040}$$

$$\beta_{14j} = \beta_{140}$$

$$\beta_{34j} = \beta_{340}$$

$$\beta_{54j} = \beta_{540}$$

β_{b1j}、β_{01j}、β_{11j}、β_{32j}和β_{52j}为家庭社会经济地位对学生数学成绩的影响在学校层面上的变异程度（即方差），其中，β_{12j}、β_{32j}和β_{52j}在学校水平上的方差不显著，因此在模型中将这三个残差（ε_{12j}、ε_{32j}和ε_{52j}）设定为 0（Searle，Casella，& McCulloch，1992）。模型 6 如图 2.2 所示。

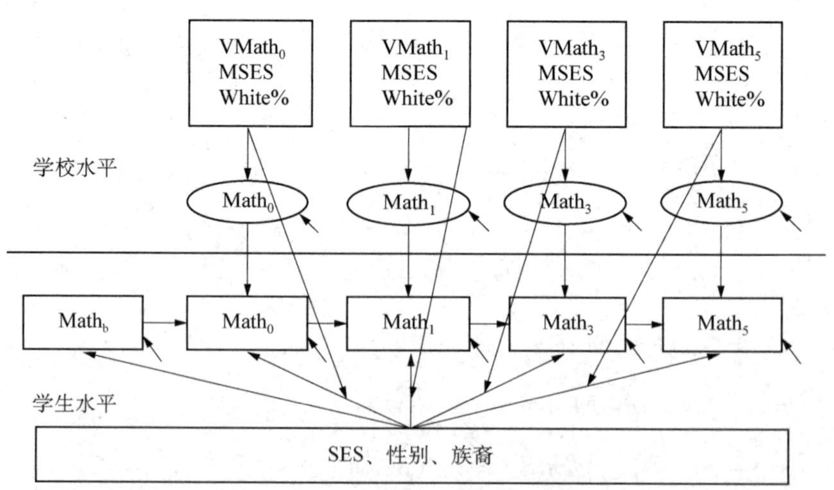

图 2.2　数学成绩的多水平多变量模型

第三章

研究结果

第一节 家庭社会经济地位对学生学业的影响

一、家庭社会经济地位对学生阅读成绩发展的影响

这一部分使用了多因变量多水平模型控制了学校层面的方差，在个体层面上控制了学生的性别和族裔，探讨家庭社会经济地位对学生阅读的影响。对于样本、变量的测量详见第二章第二节，统计模型详见第二章第三节。

表 3.1 根据学生的族裔及性别，分别报告了学生在不同年级的阅读成绩及家庭社会经济地位的均值和标准差。族裔及性别的百分比也在表 3.1 中呈现。表 3.2 中报告了学生在各个时间点的阅读成绩、家庭社会经济地位、同伴社会经济地位及学校白人学生所占百分比之间的相关矩阵。

表 3.1 不同族裔及性别的学生在各年级的阅读成绩的均值和标准差

变量	白人	黑人/非洲裔	西班牙裔	非西班牙裔	亚裔	夏威夷土著	其他太平洋岛居民	其他	男生	女生
%	0.60	0.10	0.09	0.08	0.07	0.02	0.02	0.03	0.50	0.50
N	4 129	710	605	578	461	104	140	181	3 461	3 451

续表

变量	白人	黑人/非洲裔	西班牙裔	非西班牙裔	亚裔	夏威夷土著	其他太平洋岛居民	其他	男生	女生
$Read_b$										
M	31.36	27.03	28.54	26.12	33.48	26.19	24.59	31.27	29.59	30.94
SD	9.52	8.57	10.01	7.25	14.57	6.31	7.64	13.39	10.00	9.89
$Read_0$										
M	43.17	37.24	40.12	36.91	46.92	37.65	35.82	44.02	40.73	43.02
SD	13.28	11.73	12.23	10.14	17.51	10.33	10.96	17.31	13.31	13.55
$Read_1$										
M	76.82	63.85	68.57	64.45	78.37	66.27	60.49	74.62	71.53	75.23
SD	21.20	19.88	20.68	18.92	23.62	18.93	22.07	24.51	22.06	21.39
$Read_3$										
M	126.45	104.06	113.41	107.03	119.79	106.75	100.07	121.19	118.15	121.88
SD	22.08	22.92	25.19	23.87	22.63	21.68	25.88	24.87	24.98	23.76
$Read_5$										
M	146.82	125.45	135.19	129.00	141.25	129.32	121.21	142.03	139.40	142.25
SD	19.76	23.70	22.31	22.31	21.27	21.54	27.14	22.57	23.43	21.68
SES										
M	0.27	−0.47	−0.31	−0.49	0.04	−0.31	−0.32	0.20	0.05	0.04
SD	0.71	0.68	0.73	0.63	0.84	0.48	0.69	0.88	0.77	0.78

注：$Read_b$—$Read_5$分别表示幼儿园秋季、春季，一年级、三年级及五年级春季学生阅读成绩；SES表示家庭社会经济地位。

不包含任何预测变量的零模型（表3.3，模型1）的结果显示，学校水平分别解释了幼儿园秋季、幼儿园春季、一年级春季、三年级春季及五年级春季学生阅读成绩总变异的21%、21%、25%、28%及29%。这些结果说明学生的阅读成绩在学校水平上的变异足够大，需要用多水平模型进行数据分析。此外，随着学生年级的升高，学校水平解释学生阅读成绩的变异越来越大。这说明随着学生年级的升高，学校因素对学生阅读成绩的变异的解释力逐渐增大。

表 3.2 学生在不同年级的阅读成绩、家庭社会经济地位、同伴社会经济地位及学校白人学生百分比之间的相关系数

		1	2	3	4	5	6	7	8	9	10	11	12
1	$Read_b$	1.00											
2	$Read_0$	0.83	1.00										
3	$Read_1$	0.67	0.76	1.00									
4	$Read_3$	0.53	0.57	0.72	1.00								
5	$Read_5$	0.49	0.53	0.67	0.85	1.00							
6	SES	0.38	0.34	0.36	0.44	0.44	1.00						
7	$VRead_b$	0.30	0.25	0.20	0.19	0.19	0.27	1.00					
8	$VRead_0$	0.29	0.30	0.22	0.20	0.19	0.28	0.81	1.00				
9	$VRead_1$	0.26	0.26	0.26	0.23	0.21	0.29	0.52	0.65	1.00			
10	$VRead_3$	−0.07	−0.06	−0.07	−0.08	−0.08	−0.12	0.03	0.13	0.30	1.00		
11	$VRead_5$	−0.13	−0.11	−0.15	−0.19	−0.20	−0.22	−0.07	0.00	0.09	0.56	1.00	
12	White%	0.15	0.10	0.19	0.29	0.29	0.31	0.06	0.06	0.14	−0.02	−0.19	1.00
13	MSES	0.37	0.31	0.35	0.42	0.43	0.73	0.36	0.37	0.39	−0.18	−0.32	0.46

注：$Read_b$—$Read_5$ 分别表示学生在幼儿园秋季、春季，一年级、三年级及五年级春季的阅读成绩；SES 表示家庭社会经济地位；MSES 是同伴社会经济地位；White%表示学校中白人学生所占百分比。

表 3.3 学生阅读成绩的多水平模型分析结果(报告非标准化系数和标准误)

	模型 1		模型 2		模型 3		模型 4		模型 5		模型 6	
	b	*se*	*b*	*se*	*b*	*se*	*b*	*se*	*b*	*se*	*b*	*se*
Intercepts/Mean												
$Read_b$	29.32***	0.140	26.73***	0.447	27.38***	0.443	27.41***	0.455	27.30***	0.442	27.28***	0.439
$Read_0$	40.96***	0.210	37.54***	0.583	38.22***	0.584	38.41***	0.594	38.22***	0.582	38.20***	0.582
$Read_1$	72.12***	0.351	63.89***	1.070	65.16***	1.067	65.75***	1.084	65.74***	1.078	65.61***	1.074
$Read_3$	118.80***	0.381	110.17***	1.318	111.70***	1.269	112.79***	1.290	112.98***	1.286	112.78***	1.284
$Read_5$	140.01***	0.350	133.14***	1.239	134.60***	1.190	135.74***	1.203	135.93***	1.195	135.77***	1.191
β_{b10}	5.05***	0.202	4.29***	0.214	3.24***	0.216	3.21***	0.216	3.15***	0.212	3.19***	0.214
β_{020}	6.62***	0.274	0.77***	0.165	0.84***	0.181	0.91***	0.177	0.87***	0.176	0.90***	0.177
β_{120}	11.43***	0.427	2.68***	0.306	2.12***	0.339	2.24***	0.334	2.16***	0.332	2.16***	0.330
β_{320}	15.01***	0.441	4.84***	0.339	4.04***	0.382	4.25***	0.391	4.27***	0.391	4.23***	0.384
β_{520}	13.67***	0.411	1.94***	0.239	1.61***	0.287	1.71***	0.296	1.77***	0.295	1.75***	0.294
Within Level												
D. V. /I. V.												
$Read_b$												
Gender			1.32***	0.207	1.30***	0.206	1.30***	0.206	1.35***	0.208	1.38***	0.207
Black			−0.16	0.448	−0.08	0.440	−0.12	0.439	0.10	0.431	0.10	0.428
RaceHP			−0.99	0.472	−1.18*	0.467	−1.16*	0.467	−1.25**	0.467	−1.23**	0.464
RaceHPN			−2.72***	0.409	−2.91***	0.406	−2.91***	0.406	−2.99***	0.413	−2.93***	0.411
RaceASI			1.78*	0.766	1.56*	0.755	1.55*	0.755	1.34	0.697	1.32	0.699
RaceHA			−1.23	0.681	−1.51*	0.670	−1.50*	0.672	−1.27	0.702	−1.33	0.721

续表

	模型 1		模型 2		模型 3		模型 4		模型 5		模型 6	
	b	*se*	*b*	*se*	*b*	*se*	*b*	*se*	*b*	*se*	*b*	*se*
RaceEL			0.11	0.884	−0.15	0.870	−0.15	0.870	−0.18	0.873	−0.19	0.848
Within Level												
D. V. /I. V.												
Read1												
$Read_b$			1.09***	0.020	1.09***	0.020	1.09***	0.020	1.09***	0.020	1.09***	0.019
Gender			0.70***	0.182	0.70***	0.182	0.70***	0.182	0.72***	0.183	0.73***	0.183
RaceBla			−1.09**	0.378	−1.11**	0.377	−1.06**	0.379	−1.05**	0.374	−1.03**	0.374
RaceHP			0.03	0.424	0.06	0.423	0.08	0.423	0.20	0.426	0.20	0.425
RaceHPN			−0.67	0.374	−0.67	0.376	−0.65	0.376	−0.64	0.377	−0.59	0.376
RaceASI			1.74**	0.528	1.76**	0.527	1.78**	0.529	1.78**	0.526	1.79**	0.522
RaceHA			0.24	0.719	0.25	0.723	0.20	0.722	0.35	0.734	0.30	0.735
RaceEL			0.35	0.626	0.36	0.626	0.36	0.625	0.44	0.626	0.44	0.631
$Read_3$												
$Read_1$			1.18***	0.022	1.17***	0.022	1.17***	0.022	1.17***	0.022	1.17***	0.022
Gender			0.99**	0.340	0.99	0.340	0.99**	0.340	0.92**	0.339	0.95**	0.339
RaceBla			−0.47	0.665	−0.43	0.661	−0.32	0.662	−0.40	0.673	−0.40	0.671
RaceHP			0.22	0.634	0.14	0.630	0.21	0.632	0.18	0.636	0.22	0.636
RaceHPN			0.28	0.750	0.16	0.748	0.24	0.744	0.27	0.748	0.27	0.746
RaceASI			2.05*	0.946	1.93	0.946	1.97*	0.947	2.07	0.946	2.04*	0.945
RaceHA			−0.08	1.486	−0.25	1.475	−0.33	1.474	−0.11	1.508	−0.10	1.508
RaceEL			−0.40	1.126	−0.54	1.117	−0.53	1.112	−0.59	1.122	−0.54	1.121

续表

	模型 1		模型 2		模型 3		模型 4		模型 5		模型 6	
	b	*se*	*b*	*se*	*b*	*se*	*b*	*se*	*b*	*se*	*b*	*se*
Within Level D. V. /I. V.												
$Read_3$												
$Read_1$			0.74***	0.014	0.74***	0.014	0.74***	0.014	0.74***	0.014	0.73***	0.014
Gender			1.35**	0.395	1.34**	0.395	1.35**	0.395	1.32**	0.397	1.34**	0.396
RaceBla			−6.93***	0.861	−6.88***	0.860	−6.66***	0.854	−6.59***	0.857	−6.58***	0.859
RaceHP			−0.70	0.833	−0.80	0.831	−0.63	0.831	−0.69	0.834	−0.62	0.835
RaceHPN			−2.40**	0.899	−2.56**	0.902	−2.41**	0.901	−2.35**	0.900	−2.23*	0.898
RaceASI			−3.89***	0.864	−4.05***	0.863	−3.95***	0.844	−4.13***	0.844	−4.08***	0.847
RaceHA			−6.80***	1.645	−7.06***	1.633	−7.24***	1.637	−6.82***	1.608	−6.67***	1.642
RaceEL			−1.51	1.341	−1.71	1.356	−1.71	1.353	−1.60	1.358	−1.51	1.354
$Read_5$												
$Read_3$			0.73***	0.008	0.73***	0.008	0.73***	0.008	0.73***	0.008	0.73***	0.008
Gender			0.14	0.297	0.14	0.298	0.14	0.297	0.17	0.297	0.17	0.297
RaceBla			−2.28**	0.731	−2.25**	0.729	−2.16**	0.729	−2.04**	0.727	−2.03**	0.726
RaceHP			−0.07	0.566	−0.11	0.565	−0.02	0.564	−0.06	0.567	−0.05	0.570
RaceHPN			−0.99	0.645	−1.06	0.642	−0.98	0.642	−1.04	0.643	−1.02	0.643
RaceASI			0.02	0.761	−0.06	0.770	−0.01	0.778	−0.01	0.774	0.00	0.773
RaceHA			−0.82	1.650	−0.94	1.661	−1.05	1.660	−1.35	1.622	−1.32	1.621
RaceEL			−0.56	1.014	−0.65	1.013	−0.64	1.013	−0.50	1.019	−0.45	1.020

续表

	模型 1		模型 2		模型 3		模型 4		模型 5		模型 6	
	b	*se*	*b*	*se*	*b*	*se*	*b*	*se*	*b*	*se*	*b*	*se*
Between level												
$Read_b$												
MSES					3.92***	0.429	3.93***	0.426	3.00***	0.398	2.97***	0.393
White%			1.37***	0.362	0.43	0.342	0.41	0.343	0.53	0.317	0.56	0.314
$Vread_b$									1.36***	0.160	1.23***	0.151
$Read_0$												
MSES					3.99***	0.620	4.10***	0.619	3.03***	0.592	2.98***	0.578
White%			0.95	0.515	−0.03	0.505	−0.10	0.505	0.02	0.476	0.09	0.476
$Vread_0$									1.60***	0.194	1.39***	0.182
$Read_1$												
MSES					7.22***	0.970	7.57***	0.979	8.18***	0.982	7.91***	0.971
White%			5.33***	0.873	3.50***	0.869	3.31***	0.865	3.14***	0.856	3.33***	0.852
$Vread_1$									0.08	0.216	0.05	0.215
$Read_3$												
MSES					8.58***	1.001	9.28***	1.021	9.68***	1.007	9.59***	0.989
White%			6.88***	1.005	4.69***	0.931	4.33***	0.924	4.12***	0.919	4.34***	0.924
$Vread_3$									−0.52	0.219	−0.50*	0.218
$Read_5$												
MSES					8.07***	0.924	8.85***	0.950	8.64***	0.948	8.62***	0.932
White%			6.10***	0.942	3.98***	0.867	3.60***	0.855	3.33***	0.847	3.54***	0.848
$Vread_5$									−0.97***	0.203	−0.92***	0.198

续表

	模型 1		模型 2		模型 3		模型 4		模型 5		模型 6	
	b	*se*	*b*	*se*	*b*	*se*	*b*	*se*	*b*	*se*	*b*	*se*
β_{b1j}												
$MSES_j$							0.05	0.357	−0.04	0.313	−0.96**	0.333
$Vread_{bj}$											0.97***	0.197
B_{02j}												
$MSES_j$							−0.63*	0.295	−0.61*	0.289	−1.31***	0.304
$Vread_{0j}$											0.71***	0.180
B_{12j}												
$MSES_j$							−1.54**	0.586	−1.46*	0.595	−1.76**	0.613
$Vread_{1j}$											0.51	0.263
β_{32j}												
$MSES_j$							−2.60***	0.621	−2.77***	0.613	−2.40***	0.610
$Vread_{3j}$											1.14***	0.321
β_{52j}												
$MSES_j$							−1.25**	0.437	−1.31**	0.435	−1.16*	0.448
$Vread_{5j}$											0.30	0.231
Level 2 Residual Variance												
ε_{b1j}		0.447	2.99**	0.932	2.55**	0.867	2.46**	0.850	1.27	0.747	0.19	0.708
ε_{02j}		0.661	1.10	0.720	1.06	0.718	0.94	0.689	0.89	0.657	0.46	0.598
ε_{12j}		1.572	7.01**	2.490	6.93**	2.476	6.03*	2.412	4.86*	2.215	4.75*	2.212
ε_{32j}		1.679	4.61	2.979	5.28	3.042	3.37	2.912	3.27	2.943	1.72	2.542
ε_{52j}		2.136	1.90	1.830	2.06	1.867	1.67	1.755	1.74	1.723	1.70	1.698
ε_{t0j}	2.07***	0.362	5.16***	0.883	3.68***	0.802	3.67***	0.792	1.97**	0.720	2.09**	0.705

续表

	模型 1		模型 2		模型 3		模型 4		模型 5		模型 6	
	b	*se*	*b*	*se*	*b*	*se*	*b*	*se*	*b*	*se*	*b*	*se*
ε_{00j}	5.46***	0.600	15.82***	1.741	14.53***	1.709	14.41***	1.676	10.56***	1.517	10.50***	1.495
ε_{10j}	15.73***	1.877	42.71***	5.060	37.75***	4.834	36.70***	4.753	35.99***	4.695	35.40***	4.686
ε_{30j}	7.47***	1.488	38.08***	6.136	30.38***	5.203	28.02***	4.977	26.39***	4.800	27.67***	4.855
ε_{50j}	8.26***	1.558	36.08***	5.293	28.89***	4.401	25.85***	4.135	22.79***	4.100	23.56***	4.184
Level 1 Residual Variances												
e_{bij}	75.17***	4.531	69.94***	4.370	69.70***	4.338	69.70***	4.340	70.14***	4.360	70.17***	4.363
e_{0ij}	142.08***	6.228	46.32***	1.822	46.34***	1.824	46.37***	1.824	46.37***	1.828	46.34***	1.820
e_{1ij}	376.88***	8.177	160.14***	3.854	160.05***	3.847	160.17***	3.870	160.45***	3.915	160.31***	3.904
e_{3ij}	462.16***	9.278	221.31***	4.507	220.90***	4.523	221.05***	4.510	220.58***	4.505	220.24***	4.465
e_{5ij}	381.73***	8.287	119.61***	2.691	119.52***	2.690	119.60***	2.688	119.34***	2.693	119.23***	2.685
Tests of model fit												
Log H_0	−133 950.06		−133 950.06		−133 950.06		−133 295.28		−132 537.70		−132 497.15	
AIC	267 970.11		256 208.47		267 970.11		266 768.57		265 263.39		265 192.31	
BIC	268 209.41		256 680.41		268 209.41		267 377.03		265 905.66		265 868.74	

注：$Read_b$—$Read_5$分别表示学生在幼儿园秋季、春季，一年级、三年级及五年级春季的阅读成绩；SES 表示家庭社会经济地位；MSES 是同伴社会经济地位；White%表示学校中白人学生所占百分比。

模型 1：零模型；

模型 2：SES+控制变量(C. V.：前一时间点的阅读成绩，族裔，性别，学校中白人学生百分比；

模型 3：SES+C. V. +MSES；

模型 4：SES+C. V. +MSES+MSES * SES；

模型 5：SES+C. V. +MSES+MSES * SES+Ability Grouping(AG)；

模型 6：SES+C. V. +MSES+MSES * SES+AG+AG * SES。

*** $p<0.001$，** $p<0.01$，* $p<0.05$。

（一）多层线性模型的分析结果

在控制了学校水平的变异之后，家庭社会经济地位与学生的阅读成绩之间存在显著的正相关（见表 3.3，模型 2）。学生的家庭社会经济地位每增加一个单位，学生在幼儿园秋季的阅读成绩平均高出 5.05 分（$se=0.20$，$p<0.001$），在幼儿园春季的阅读成绩平均高出 6.62 分（$se=0.27$，$p<0.001$），在一年级春季的阅读成绩平均高出 11.43 分（$se=0.43$，$p<0.001$），在三年级春季的阅读成绩平均高出 15.01 分（$se=0.41$，$p<0.001$），在五年级春季的阅读成绩平均高出 13.67 分（$se=0.48$，$p<0.001$）。从回归系数大小的变化趋势上可以看出，随着学生年级的上升，家庭社会经济地位对学生阅读成绩的影响先是上升，然后略有下降。但相邻年级间是否存在显著性差异，需进一步检验。

克洛格（Clogg）、彼特科夫（Petkova）和哈里特（Haritou）在 1995 年提出的针对模型间的回归系数差异检验方法（简称回归系数差异检验法），可用来比较邻近年级家庭社会经济地位对学生阅读成绩的影响差异。结果显示，邻近年级间家庭社会经济地位对学生阅读成绩的影响均存在显著性差异。家庭社会经济地位对学生在幼儿园春季的阅读成绩的影响显著高于幼儿园秋季（$\Delta M=1.57$，$t=4.62$，$p<0.001$），对学生在一年级春季的阅读成绩的影响显著高于幼儿园春季（$\Delta M=4.81$，$t=9.49$，$p<0.001$），对学生在三年级春季的阅读成绩的影响显著高于一年级春季（$\Delta M=3.58$，$t=5.84$，$p<0.001$），但对学生在五年级春季的阅读成绩的影响却显著低于三年级春季（$\Delta M=-1.35$，$t=-2.23$，p

$=0.013$)。该结果说明，在控制了学校水平的变异之后，家庭社会经济地位对学生阅读成绩的影响是随着年级的增加而增大的；但到了五年级，家庭社会经济地位对学生的阅读成绩的影响显著下降。

为了进一步确认这个结论，本研究在个体水平上加入个体家庭社会经济地位、性别、族裔并控制了先前的阅读成绩（见表 3.3，模型 3）。模型分析结果显示，在控制个体水平的性别、族裔及先前的阅读成绩之后，家庭社会经济地位显著提高了学生在幼儿园至五年级的阅读成绩。家庭社会经济地位越高，学生在幼儿园秋季的平均阅读成绩越高（$\beta=0.040$，$se=0.008$，$p<0.001$），学生在一年级春季的平均阅读成绩越高（$\beta=0.060$，$se=0.009$，$p<0.001$），在三年级春季的平均阅读成绩越高（$\beta=0.112$，$se=0.009$，$p<0.001$），在五年级春季的平均阅读成绩也越高（$\beta=0.045$，$se=0.008$，$p<0.001$）。该结果说明，即使控制了学生的性别、族裔及先前的阅读成绩，家庭社会经济地位对学生阅读成绩依然存在显著的正向促进作用。此外，家庭社会经济地位对学生阅读成绩的影响依然随着学生年级的升高，呈现先增加后减少的趋势。

我们使用克洛格等人的回归系数差异检验法（Clogg et al.，1995）检验这些相邻年级间回归系数的差异。结果显示，家庭社会经济地位对学生在幼儿园和一年级的阅读成绩的影响不存在显著性差异（$t=1.66$，$p=0.097$），而对学生在三年级的阅读成绩的影响显著高于学生在一年级的阅读成绩的影响（$t=4.08$，$p<0.001$），学生在五年级的阅读成绩的影响显著低于学生在三年级的阅读成绩的影响（$t=-5.56$，$p<0.001$）。该结果说明，在控制了性别、族裔及先前的阅读成绩之后，家庭社会经济地位对学生阅读成绩的影响是先增加后降低。因而，该结果

进一步验证了上述结论。

（二）潜变量增长模型的结果

我们进一步采用增长模型检验家庭社会经济地位对学生阅读成绩增长的影响。首先，本研究使用潜变量增长模型（Latent Growth Modeling）查看阅读成绩的增长曲线。学生的阅读成绩随年级而呈增高成二次曲线增长。学生在幼儿园秋季的平均阅读成绩为 28.22 分（$se=0.501$，$p<0.001$），一次增长速度为 25.25 分（$se=0.212$，$p<0.001$），二次增长速度[①]为 -2.17 分（$se=0.033$，$p<0.001$）。即学生的阅读成绩先是快速增长，而后随着年级的增加，阅读成绩增长越来越缓慢。

接下来，本研究分析了家庭社会经济地位对学生阅读成绩发展的影响。结果显示，个体家庭社会经济地位每提高一个单位，学生在幼儿园秋季的平均阅读成绩增加 5.24 分（$se=0.16$，$p<0.001$），即个体家庭社会经济地位越高，学生在幼儿园的阅读成绩越高。个体家庭社会经济地位对学生阅读成绩的增长具有显著的正向促进作用（$b=2.50$，$se=0.11$，$p<0.001$），即家庭社会经济地位每提高一个单位，学生的阅读成绩的增长速度平均增加 2.50 分。家庭社会经济地位对学生阅读成绩的二次增长斜率具有显著的负面影响（$b=-0.15$，$se=0.01$，$p<0.001$），即家庭社会经济地位每提高一个单位，学生阅读成绩的二次增长斜率平均降低 0.15 分。潜变量增长模型的结果说明，个体家庭社会经济地位高的学生，起始阅读成绩越高，阅读成绩的增长速度越快。可

① 二次增长速度可以理解为学生阅读成绩的加速度。

见，家庭社会经济地位有加速学生阅读成绩增长的作用。

二、家庭社会经济地位对学生数学成绩的影响

这一部分使用与阅读成绩相同的统计方法对学生数学成绩加以分析，采用多水平多因变量模型及潜变量增长模型，在控制了学校层面的变异及个体层面上的学生性别和族裔因素之后，探讨家庭社会经济地位对学生数学成绩的影响。对于样本、变量的测量详见第二章第二节，统计分析模型详见第二章第三节。

表 3.4 根据学生的族裔及性别，分别报告了学生在各年级的数学成绩及家庭社会经济地位的均值和标准差。族裔及性别的百分比也在表 3.4 中呈现。表 3.5 报告了学生在各个年级的数学成绩、家庭社会经济地位、同伴社会经济地位及学校白人学生所占百分比之间的相关矩阵。

表 3.4 不同族裔及性别的学生在各年级的数学成绩的均值和标准差

变量	白人	黑人/非洲裔	西班牙裔	非西班牙裔	亚裔	夏威夷土著	其他太平洋岛居民	其他	男生	女生
%	0.60	0.10	0.09	0.08	0.07	0.02	0.02	0.03	0.50	0.50
N	4 129	710	605	578	461	104	140	181	3 461	3 451
$Math_b$										
M	25.92	19.48	20.57	18.37	26.46	19.84	19.76	23.42	24.14	23.60
SD	9.12	6.87	7.84	6.60	9.93	6.30	8.52	7.95	9.77	8.32
$Math_0$										
M	37.01	28.26	30.90	28.00	37.16	29.43	30.45	34.34	34.98	33.98
SD	11.55	9.51	10.39	9.07	11.63	9.49	11.51	11.42	12.52	10.65

续表

变量	白人	黑人/非洲裔	西班牙裔	非西班牙裔	亚裔	夏威夷土著	其他太平洋岛居民	其他	男生	女生
Math_1										
M	62.83	49.00	54.96	50.88	59.75	50.17	50.07	58.41	60.09	57.80
SD	16.53	13.66	15.77	13.17	16.47	12.89	14.63	15.85	17.84	15.40
Math_3										
M	98.90	77.89	87.88	84.32	96.97	84.93	78.66	92.89	95.80	91.49
SD	19.18	19.82	21.27	19.87	20.57	19.92	21.16	20.24	21.67	20.31
Math_5										
M	119.88	98.45	110.63	106.61	120.50	107.70	100.13	115.48	117.20	112.99
SD	18.18	22.13	20.82	20.80	19.48	20.63	22.94	20.42	20.81	20.58
SES										
M	0.27	−0.47	−0.31	−0.49	0.04	−0.31	−0.32	0.20	0.05	0.04
SD	0.71	0.68	0.73	0.63	0.84	0.48	0.69	0.88	0.77	0.78

注：Math_b—Math_5分别表示学生在幼儿园秋季、春季，一年级、三年级及五年级春季的数学成绩；SES表示家庭社会经济地位。

不包含任何预测变量的零模型（表3.6，模型1）的结果显示，学校水平分别解释了学生在幼儿园秋季、幼儿园春季、一年级春季、三年级春季及五年级春季数学成绩的总差异的26％、25％、23％、26％及26％。这些结果说明学生的数学成绩在学校水平上的变异足够大，因而需要使用多水平模型进行数据分析。此外，随着学生年级的升高，学校水平解释学生数学成绩的变异相对稳定。这说明随着学生年级的升高，学校因素对学生数学成绩的差异的解释力较为稳定。

（一）多层线性模型的分析结果

以零模型（表3.6，模型1）为基础，本研究在个体水平上加入了家庭社会经济地位对学生数学成绩的影响。结果发现，家庭社会经济地位

表 3.5 学生在不同年级的数学成绩、家庭社会经济地位、同伴社会经济地位及学校白人学生百分比之间的相关系数

		1	2	3	4	5	6	7	8	9	10	11	12
1	$Math_b$	1.00											
2	$Math_0$	0.82	1.00										
3	$Math_1$	0.72	0.77	1.00									
4	$Math_3$	0.68	0.72	0.78	1.00								
5	$Math_5$	0.62	0.67	0.73	0.87	1.00							
6	SES	0.45	0.41	0.40	0.44	0.44	1.00						
7	$VMath_b$	0.35	0.30	0.26	0.26	0.25	0.37	1.00					
8	$VMath_0$	0.28	0.30	0.23	0.23	0.22	0.30	0.72	1.00				
9	$VMath_1$	0.20	0.20	0.24	0.20	0.17	0.21	0.47	0.53	1.00			
10	$VMath_3$	0.00	0.00	0.00	0.03	0.02	0.00	0.21	0.31	0.47	1.00		
11	$VMath_5$	−0.19	−0.19	−0.19	−0.18	−0.18	−0.25	−0.08	0.02	0.16	0.50	1.00	
12	White%	0.29	0.27	0.28	0.30	0.29	0.38	0.24	0.20	0.24	0.00	−0.19	1.00
13	MSES	0.45	0.40	0.38	0.42	0.42	0.74	0.50	0.40	0.28	0.00	−0.34	0.51

注：$Math_b$—$Math_5$分别表示学生在幼儿园秋季、春季，一年级、三年级及五年级春季的数学成绩；SES 表示家庭社会经济地位；MSES 是同伴社会经济地位；White%表示学校中白人学生所占百分比。

表 3.6 学生数学成绩的多水平模型分析结果(报告非标准化系数和标准误)

	模型 1		模型 2		模型 3		模型 4		模型 5		模型 6	
	b	*se*	*b*	*se*	*b*	*se*	*b*	*se*	*b*	*se*	*b*	*se*
Intercepts/Mean												
$Math_b$	23.37***	0.136	23.69***	0.434	24.31***	0.432	24.30***	0.434	24.44***	0.428	24.42***	0.430
$Math_0$	33.96***	0.187	35.12***	0.573	35.74***	0.570	35.89***	0.575	36.01***	0.562	35.96***	0.563
$Math_1$	58.39***	0.264	61.71***	0.896	62.51***	0.893	62.70***	0.908	62.77***	0.903	62.71***	0.906
$Math_3$	92.79***	0.338	98.87***	1.115	100.01***	1.098	100.65***	1.107	100.70***	1.104	100.58***	1.104
$Math_5$	114.26***	0.333	119.31***	1.099	120.38***	1.080	121.43***	1.087	121.63***	1.084	121.46***	1.081
β_{b10}	5.09***	0.172	4.00***	0.179	3.05***	0.192	3.03***	0.191	2.98***	0.189	3.04***	0.188
β_{020}	6.28***	0.229	0.80***	0.147	0.84***	0.169	0.90***	0.169	0.85***	0.168	0.87***	0.169
β_{120}	8.77***	0.309	1.66***	0.227	1.53***	0.251	1.52***	0.251	1.45***	0.251	1.46***	0.253
β_{320}	11.81***	0.371	3.02***	0.272	2.66***	0.299	2.79***	0.311	2.76***	0.310	2.76***	0.309
β_{520}	11.58***	0.394	1.55***	0.206	1.40***	0.234	1.57***	0.238	1.60***	0.237	1.58***	0.237
Within Level												
D. V. \I. V.												
$Math_b$												
Gender			−0.51*	0.197	−0.51**	0.198	−0.52**	0.198	−0.50*	0.197	−0.49*	0.196
RaceBla			−2.04***	0.381	−1.98***	0.374	−2.00***	0.375	−1.83***	0.371	−1.85***	0.370
RaceHP			−1.86***	0.373	−1.99***	0.369	−2.02***	0.370	−1.98***	0.367	−1.97***	0.365
RaceHPN			−3.27***	0.377	−3.46***	0.372	−3.49***	0.374	−3.43***	0.375	−3.46***	0.373
RaceASI			1.06	0.614	0.85	0.601	0.84	0.601	0.78	0.584	0.79	0.586
RaceHA			−1.67*	0.803	−1.92*	0.798	−1.91*	0.798	−1.56	0.800	−1.66*	0.801
RaceEL			−1.79***	0.498	−2.03***	0.496	−2.03***	0.497	−1.87***	0.500	−1.84***	0.499
Within Level												

续表

	模型 1		模型 2		模型 3		模型 4		模型 5		模型 6	
	b	*se*	*b*	*se*	*b*	*se*	*b*	*se*	*b*	*se*	*b*	*se*
$Math_0$												
$Math_b$			1.00***	0.017	1.00***	0.017	1.00***	0.017	1.00***	0.017	1.00***	0.017
Gender			−0.45**	0.167	−0.46**	0.167	−0.45**	0.167	−0.44**	0.168	−0.43*	0.167
RaceBla			−1.59***	0.340	−1.60***	0.340	−1.55***	0.337	−1.55***	0.334	−1.53***	0.335
RaceHP			−0.29	0.326	−0.29	0.326	−0.24	0.325	−0.25	0.326	−0.25	0.324
RaceHPN			−0.67*	0.323	−0.67*	0.323	−0.62	0.321	−0.64*	0.325	−0.66*	0.323
RaceASI			0.04	0.464	0.06	0.464	0.08	0.466	0.13	0.461	0.11	0.459
RaceHA			−0.70	0.592	−0.69	0.595	−0.73	0.595	−0.77	0.593	−0.81	0.595
RaceEL			−0.24	0.507	−0.23	0.508	−0.23	0.508	−0.27	0.508	−0.27	0.507
$Math_1$												
$Math_0$			1.04***	0.017	1.04***	0.017	1.04***	0.017	1.04***	0.017	1.04***	0.017
Gender			−1.31***	0.275	−1.31***	0.275	−1.31***	0.275	−1.34***	0.276	−1.33***	0.276
RaceBla			−2.97***	0.535	−2.95***	0.535	−2.92***	0.535	−2.97***	0.538	−2.96***	0.537
RaceHP			−0.01	0.574	−0.03	0.572	−0.01	0.573	−0.08	0.576	−0.06	0.576
RaceHPN			−0.98	0.594	−1.00	0.591	−0.99	0.591	−1.04	0.595	−1.02	0.592
RaceASI			−1.75*	0.683	−1.78**	0.683	−1.77*	0.682	−1.83**	0.680	−1.80**	0.678
RaceHA			−2.76**	1.057	−2.82**	1.055	−2.85**	1.054	−3.01**	1.100	−3.00**	1.101
RaceEL			−0.87	0.785	−0.90	0.786	−0.90	0.786	−1.08	0.786	−1.08	0.785
Within Level												
$Math_3$												
$Math_1$			0.89***	0.014	0.89***	0.014	0.89***	0.014	0.89***	0.014	0.89***	0.014
Gender			−2.20***	0.336	−2.21***	0.336	−2.21***	0.336	−2.20***	0.337	−2.18***	0.336

续表

	模型 1		模型 2		模型 3		模型 4		模型 5		模型 6	
	b	*se*	*b*	*se*	*b*	*se*	*b*	*se*	*b*	*se*	*b*	*se*
RaceBla			−4.72***	0.745	−4.69***	0.741	−4.57***	0.738	−4.52***	0.741	−4.53***	0.741
RaceHP			−1.59*	0.711	−1.64*	0.710	−1.53*	0.714	−1.56	0.717	−1.53*	0.719
RaceHPN			−0.36	0.733	−0.43	0.735	−0.34	0.741	−0.35	0.741	−0.31	0.742
RaceASI			2.17*	0.844	2.08*	0.839	2.12*	0.835	2.06*	0.835	2.05*	0.836
RaceHA			−0.95	1.604	−1.09	1.597	−1.24	1.595	−1.55	1.620	−1.49	1.633
RaceEL			−1.04	1.128	−1.14	1.128	−1.14	1.129	−1.23	1.142	−1.17	1.141
$Math_5$												
$Math_3$			0.83***	0.009	0.82***	0.009	0.82***	0.009	0.82***	0.009	0.82***	0.009
Gender			−0.50*	0.253	−0.50*	0.253	−0.51*	0.253	−0.48	0.253	−0.48	0.252
RaceBla			−2.13**	0.650	−2.12**	0.649	−2.03**	0.648	−2.05**	0.651	−2.06**	0.646
RaceHP			1.18*	0.506	1.16*	0.506	1.29*	0.507	1.35**	0.505	1.39**	0.505
RaceHPN			0.64	0.582	0.61	0.581	0.73	0.581	0.75	0.579	0.80	0.578
RaceASI			2.87***	0.623	2.84***	0.628	2.90***	0.632	2.92***	0.629	2.95***	0.625
RaceHA			0.18	1.112	0.12	1.107	−0.03	1.092	−0.24	1.122	−0.10	1.140
RaceEL			1.49	0.885	1.45	0.886	1.46	0.880	1.49	0.878	1.55	0.871
Between level												
$Math_b$												
MSES					3.58***	0.369	3.60***	0.367	2.88***	0.375	2.80***	0.377
White%			1.80***	0.314	0.90**	0.307	0.90**	0.307	0.74*	0.296	0.78**	0.296
$Vmath_b$									0.99***	0.170	0.89***	0.151
$Math_0$												
MSES					3.54***	0.524	3.63***	0.524	3.17***	0.515	3.03***	0.512

续表

	模型 1		模型 2		模型 3		模型 4		模型 5		模型 6	
	b	*se*	*b*	*se*	*b*	*se*	*b*	*se*	*b*	*se*	*b*	*se*
White%			1.94***	0.433	1.04*	0.426	0.98*	0.426	0.77	0.410	0.86*	0.412
$Vmath_0$									1.07***	0.145	0.96***	0.144
$Math_1$												
MSES					4.43***	0.716	4.62***	0.724	5.04***	0.736	4.80***	0.736
White%			2.58***	0.679	1.42*	0.682	1.35*	0.681	1.19	0.676	1.29	0.676
$Vmath_1$									0.22	0.194	0.19	0.192
$Math_3$												
MSES					6.02***	0.879	6.52***	0.890	7.06***	0.875	6.89***	0.873
White%			3.59***	0.888	1.94*	0.871	1.72*	0.863	1.59	0.860	1.75*	0.858
$Vmath_3$									0.32	0.187	0.33	0.186
$Math_5$												
MSES					5.69***	0.893	6.46***	0.923	6.79***	0.935	6.76***	0.933
White%			3.90***	0.884	2.34**	0.862	1.97*	0.855	1.69*	0.846	1.88*	0.842
Between level												
S_b												
MSES							0.14	0.293	−0.12	0.296	−0.90*	0.381
$Vmath_b$											0.64	0.337
Between level												
S_0												
MSES							−0.67*	0.263	−0.58*	0.255	−1.15***	0.284
$Vmath_0$											0.57**	0.165
S_1												

续表

	模型 1		模型 2		模型 3		模型 4		模型 5		模型 6	
	b	*se*	*b*	*se*	*b*	*se*	*b*	*se*	*b*	*se*	*b*	*se*
MSES							−0.19	0.408	−0.07	0.398	−0.30	0.455
$Vmath_1$											0.23	0.236
S_3												
MSES							−1.70***	0.463	−1.60**	0.463	−1.64***	0.463
$Vmath_3$											0.50*	0.241
S_5												
MSES							−1.88***	0.379	−2.04***	0.377	−1.57***	0.398
$Vmath_5$											0.70***	0.194
Level 2 Variances												
ε_{b1j}		0.317	2.22**	0.717	1.79*	0.694	1.79*	0.692	1.60*	0.617	1.47*	0.707
ε_{02j}		0.526	1.49**	0.555	1.47**	0.550	1.38**	0.521	1.18*	0.483	0.89*	0.453
ε_{12j}		1.008	3.53**	1.290	3.50**	1.281	3.53**	1.288	3.04*	1.264	3.08*	1.269
ε_{32j}		1.246	1.63	1.889	1.70	1.863	1.01	1.982	1.26	1.971	1.13	1.943
ε_{52j}		1.705	1.71	1.527	1.65	1.488	0.71	1.436	0.68	1.398	0.55	1.380
ε_{b0j}	1.81***	0.299	4.61***	0.663	3.43	0.597	3.40***	0.592	2.13***	0.498	2.29***	0.508
ε_{00j}	3.54***	0.451	10.57***	1.294	9.62***	1.233	9.49***	1.230	7.46***	1.086	7.64***	1.080
ε_{10j}	7.01***	0.954	19.79***	2.368	17.94***	2.240	17.70***	2.234	16.84***	2.188	16.95***	2.163
ε_{30j}	9.67***	1.300	33.64***	3.927	29.67***	3.609	28.71***	3.569	27.84***	3.532	27.92***	3.535
ε_{50j}	12.35***	1.846	32.11***	4.171	28.44***	3.726	27.24***	3.593	25.65***	3.600	26.76***	3.751
Level 1 Residual Variances												
e_{bij}	61.43***	2.056	55.78***	1.909	55.57***	1.899	55.58***	1.901	55.72***	1.926	55.54***	1.910

续表

	模型 1		模型 2		模型 3		模型 4		模型 5		模型 6	
	b	*se*	*b*	*se*	*b*	*se*	*b*	*se*	*b*	*se*	*b*	*se*
e_{0ij}	103.12***	2.921	36.79***	1.122	36.79***	1.123	36.80***	1.125	36.89***	1.138	36.87***	1.137
e_{1ij}	220.77***	4.753	97.63***	2.554	97.64***	2.556	97.63***	2.555	97.72***	2.570	97.67***	2.564
e_{3ij}	343.94***	5.992	143.43***	2.975	143.37***	2.971	143.34***	2.963	143.29***	2.965	143.09***	2.959
e_{5j}	329.64***	7.651	87.17***	2.115	87.18***	2.114	87.06***	2.105	86.70***	2.097	86.51***	2.093
TESTS of model fit												
Log H_0 Value	−130 353		−130 184		−130 131		−130 107		−129 368		−129 340	
AIC	260 775		260 525		260 430		260 392		258 923		258 879	

注：$Math_b$—$Math_5$分别表示学生在幼儿园秋季、春季，一年级、三年级及五年级春季的数学成绩；SES 表示家庭社会经济地位；MSES 是同伴社会经济地位；White%表示学校中白人学生所占百分比。

模型 1：零模型；

模型 2：SES＋控制变量(C. V.：前一时间点的数学成绩，族裔，性别，学校中白人学生百分比；

模型 3：SES＋C. V. ＋MSES；

模型 4：SES＋C. V. ＋MSES＋MSES＊SES；

模型 5：SES＋C. V. ＋MSES＋MSES＊SES＋Ability Grouping(AG)；

模型 6：SES＋C. V. ＋MSES＋MSES＊SES＋AG＋AG＊SES。

*** $p<0.001$，** $p<0.01$，* $p<0.05$。

每提高一个单位，学生在幼儿园秋季的数学成绩平均提高 5.09 分（se=0.17，p<0.001），在幼儿园春季的数学成绩平均提高 6.28 分（se=0.23，p<0.001），在一年级春季的数学成绩平均提高 8.77 分（se=0.31，p<0.001），在三年级春季的数学成绩平均提高 11.81 分（se=0.37，p<0.001），在五年级春季的数学成绩平均提高 11.58 分（se=0.39，p<0.001）。该结果说明，在控制了学校水平的变异之后，家庭社会经济地位对学生数学成绩的影响从幼儿园到三年级逐渐增大；而从三年级到五年级，家庭社会经济地位对学生数学成绩的影响略有下降。但相邻年级中，家庭社会经济地位对学生数学成绩的影响是否存在显著性差异，需要进一步检验。

相邻年级的家庭社会经济地位对学生数学成绩的影响存在显著性差异。为了比较家庭社会经济地位对学生数学成绩的影响是否存在显著的年级差异，本研究采用克洛格等人（Clogg et al.，1995）的回归系数差异检验法。结果显示，家庭社会经济地位对学生在幼儿园春季的数学成绩的影响显著高于幼儿园秋季（ΔM=1.19，t=4.16，p<0.001）；对学生在一年级春季的数学成绩的影响显著高于幼儿园春季（ΔM=2.49，t=6.47，p<0.001）；对学生在三年级春季的数学成绩的影响显著高于一年级春季（ΔM=3.04，t=6.30，p<0.001）；对学生在五年级春季的数学成绩的影响与在三年级春季的数学成绩的影响不存在显著性差异（ΔM=−0.23，t=−0.43，p=0.333）。在控制了学校水平的变异之后，家庭社会经济地位对学生数学成绩的影响随着年级（幼儿园秋季至三年级春季）的增加而显著增大，然而到了五年级，家庭社会经济地位对学生数学成绩的影响略有下降，但没有显著性差异。

以模型 1 为基础，模型 2（见表 3.6）在个体水平上控制了学生的性别、族裔及先前的数学成绩，探讨家庭社会经济地位对学生数学成绩发展的影响。从结果可见，家庭社会经济地位显著提高学生的数学成绩。家庭社会经济地位每增加一个单位，学生在幼儿园秋季的数学成绩平均增加 3.04 分（$se=0.19$，$p<0.001$），在幼儿园春季的数学成绩平均增加 0.87 分（$se=0.17$，$p<0.001$），在一年级春季的数学成绩平均增加 1.46 分（$se=0.25$，$p<0.001$），在三年级春季的数学成绩平均增加 2.76 分（$se=0.31$，$p<0.001$），在五年级春季平均增加 1.58 分（$se=0.24$，$p<0.001$）。

家庭社会经济地位对不同年级学生数学成绩的影响存在显著性差异。我们依旧使用克洛格等人（Clogg et al.，1995）的方法来比较不同年级间的回归系数差异。结果显示，家庭社会经济地位对学生在幼儿园和一年级的数学成绩的影响不存在显著性差异（$t=1.95$，$p=0.513$），而对学生在三年级的数学成绩的影响显著高于对学生在一年级的数学成绩的影响（$t=3.26$，$p=0.001$），对学生在五年级的数学成绩的影响显著低于对学生在三年级的数学成绩的影响（$t=-3.01$，$p=0.003$）。这些结果说明，在控制了性别、族裔及先前的数学成绩之后，家庭社会经济地位对学生在幼儿园至五年级的数学成绩的影响呈现先增加后下降的趋势。与没有控制先前数学成绩的结果相比，该结果中家庭社会经济地位对学生数学成绩的影响在三年级至五年级时下降了。

（二）潜变量增长模型的结果

本研究采用潜变量增长模型检验家庭社会经济地位对学生数学成绩

增长的影响。首先，本研究使用潜变量增长模型查看数学成绩的增长曲线。学生数学成绩随年级增长的发展曲线显示，数学成绩随年级的增加呈二次曲线增长：学生在幼儿园秋季的平均数学成绩（初始成绩）为 28.20 分（$se=0.437$，$p<0.001$），一次增长速度为 25.23 分（$se=0.207$，$p<0.001$），二次增长速度为 -2.17（$se=0.032$，$p<0.001$）。即学生的数学成绩先是快速增长，而后随着年龄的增加，数学成绩的增长速度越来越慢。

接下来，本研究在个体水平上加入了家庭社会经济地位对学生数学成绩的截距、斜率及二次斜率的影响。家庭社会经济地位对学生的初始数学成绩、增长速度及加速度都具有显著性影响。家庭社会经济地位越高，学生的初始数学成绩越高（$b=5.36$，$se=0.15$，$p<0.001$），即家庭社会经济地位每提高一个单位，学生在幼儿园秋季的平均数学成绩增加 5.36 分。家庭社会经济地位对学生数学成绩的增长具有显著的正向促进作用（$b=1.60$，$se=0.08$，$p<0.001$），即家庭社会经济地位每提高一个单位，学生的数学成绩的增长速度平均增加 1.60 分。家庭社会经济地位对学生数学成绩的增长具有显著的负向影响（$b=-0.08$，$se=0.01$，$p<0.001$），即家庭社会经济地位每提高一个单位，学生数学成绩的二次增长斜率平均降低 0.08 分。潜变量增长模型的结果说明，家庭社会经济地位高的学生，起始的平均数学成绩越高，数学成绩的增长速度也越快。可见，家庭社会经济地位有加速学生数学成绩增长的作用。

第二节 同伴社会经济地位对学生学业的影响

一、同伴社会经济地位对学生阅读成绩的影响

这一部分采用的样本详见第二章第二节；使用的变量有性别、族裔、家庭社会经济地位、学生的阅读成绩、同伴社会经济地位及学校白人学生所占的百分比，变量的定义详见第二章第二节；统计分析模型详见第二章第三节。

由于在美国的情境中，白人所占百分比越高通常意味着这个学校越好、资源越多，因此本研究首先在模型 2（见表 3.3）的学校水平上加入学校中白人学生所占的百分比；在模型 3 上加入同伴社会经济地位；在模型 4（见表 3.3）上加入同伴社会经济地位对个体家庭社会经济地位与学生阅读成绩的调节效应。

学校中白人学生所占百分比越高，学生平均阅读成绩越高。模型 2 的分析结果显示，白人学生所占百分比每提高一个单位，学生在幼儿园秋季的平均阅读成绩提高 1.37 分（$se=0.362$，$p<0.001$），在幼儿园春季的平均阅读成绩提高 0.95 分（$se=0.515$，$p<0.001$），在一年级春季的平均阅读成绩提高 5.33 分（$se=0.873$，$p<0.001$），在三年级

春季的平均阅读成绩提高 6.88 分（$se=1.005$，$p<0.001$），在五年级春季的平均阅读成绩提高 6.10 分（$se=0.942$，$p<0.001$）。该结果显示，学校中白人学生所占百分比对学生在幼儿园的阅读成绩影响较小，但随着学生进入一年级，学校中白人学生所占百分比的影响随之增大，到五年级有减弱。这一趋势跟个体家庭社会经济地位对学生阅读成绩的影响趋势相似。

接下来，本研究在模型 4 的学校水平上继续加入同伴社会经济地位。然而，在加入同伴社会经济地位之后，白人学生所占百分比对学生阅读成绩的影响变小。白人学生所占百分比对学生在幼儿园秋季和春季的阅读成绩影响不显著（$b=0.41$，$se=0.342$，$p=0.209$；$b=-0.10$，$se=0.505$，$p=0.952$），对学生在一年级春季的阅读成绩有显著的正向影响（$b=3.31$，$se=0.865$，$p<0.001$），对学生在三年级春季的阅读成绩有显著的正向影响（$b=4.33$，$se=0.924$，$p<0.001$），对学生在五年级春季的阅读成绩也有显著的正向影响（$b=3.60$，$se=0.855$，$p<0.001$）。该结果说明，在幼儿园白人学生所占百分比对学生阅读成绩的影响全部为同伴社会经济地位所解释，但在一年级春季、三年级春季及五年级春季，白人学生所占百分比对学生阅读成绩的影响依然显著。对相邻年级间的回归系数做差异性检验可见，一年级至五年级的白人学生所占百分比对学生阅读成绩的影响并不存在显著性差异（$ps>0.420$）。

比较模型 3 和模型 4，在学校水平上控制了白人学生所占百分比之后，同伴社会经济地位差异分别额外解释了学生在幼儿园秋季、幼儿园春季、一年级春季、三年级春季及五年级春季的阅读成绩在学校水平上的变异的 28.9%、8.9%、14.1%、26.4%及 28.4%。该结果说明，同伴社会经济地位对学生阅读成绩在学校水平上的变异的解释力，随年级的增加而增大。

同伴社会经济地位能够促进个体学生阅读成绩的发展。模型 4 显示，在控制了白人学生所占百分比之后，同伴社会经济地位每提高一个单位，学生在幼儿园秋季的阅读成绩平均增加 3.93 分（$se=0.426$，$p<0.001$），在幼儿园春季的阅读成绩平均增加 4.10 分（$se=0.619$，$p<0.001$），在一年级春季的阅读成绩平均增加 7.57 分（$se=0.979$，$p<0.001$），在三年级春季的阅读成绩平均增加 9.28 分（$se=1.021$，$p<0.001$），在五年级春季的阅读成绩平均增加 8.85 分（$se=0.950$，$p<0.001$）。从回归系数上看，随着年级的增加，同伴社会经济地位对学生阅读成绩的影响是先增加后减少的，该趋势跟个体家庭社会经济地位对阅读成绩的影响趋势相似。回归系数差异检验法的结果显示，同伴社会经济地位对学生在一年级春季的阅读成绩的影响显著高于对学生在幼儿园春季的阅读成绩的影响（$p=0.003$），但同伴社会经济地位对学生的阅读成绩的影响在其他年级之间不存在显著性差异（$ps>0.223$）。

同伴社会经济地位显著调节个体家庭社会经济地位对学生阅读成绩的影响。同伴社会经济地位降低个体社会经济地位对学生阅读成绩的影响，其大小受到学生所在年级的影响。模型 4 结果显示，同伴社会经济地位每提高一个单位，家庭社会经济地位对学生在幼儿园春季的阅读成绩的影响平均降低 0.63 个单位（$se=0.295$，$p=0.033$），对学生在一年级春季的阅读成绩的影响平均降低 1.54 个单位（$se=0.586$，$p=0.009$），对学生在三年级春季的阅读成绩的影响平均降低 2.60 个单位（$se=0.621$，$p<0.001$），对学生在五年级春季的阅读成绩的影响平均

降低 1.31 个单位（$se=0.435$，$p=0.003$），但对学生在幼儿园秋季的阅读成绩的影响没有显著性的降低（$b=-0.04$，$se=0.357$，$p=0.911$）。该结果显示，同伴社会经济地位对个体家庭社会经济地位与学生阅读成绩之间关系的调节作用随学生年级的增加先增强后减弱。但该调节作用是否存在年级差异，需要进一步检验。

检查同伴社会经济地位对家庭社会经济地位与学生阅读成绩之间关系的调节作用，在相邻年级之间是否存在显著性差异。结果显示，从幼儿园到一年级，同伴社会经济地位对家庭社会经济地位与学生阅读成绩之间关系的调节作用不存在显著性差异；一年级时同伴社会经济地位的调节作用显著低于三年级和五年级时（$p\text{s}<0.011$）。三年级时同伴社会经济地位的调节作用显著高于五年级时（$p=0.024$）。此外，同伴社会经济地位解释了个体家庭社会经济地位对学生阅读成绩的影响在学校水平上的变异的 17.7%、14.5%、14.0%、26.9% 及 12.1%。该结果说明，同伴社会经济地位对个体家庭社会经济地位与学生阅读成绩之间关系的调节作用也是先增强后减弱的。

二、同伴社会经济地位对学生数学成绩的影响

这一部分重点讨论同伴社会经济地位对学生数学成绩发展的影响及同伴社会经济地位对家庭社会经济地位与学生数学成绩之间关系的调节效应。本研究在个体水平上加入了性别、族裔、先前数学成绩及家庭社会经济地位；在学校水平上依次加入了白人学生所占百分比、同伴社会经济地位，及同伴社会经济地位对家庭社会经济地位与学生数学成绩之

间关系的调节作用（见表 3.6，模型 2、3、4）。

白人学生所占百分比越高的学校，学生的平均数学成绩越高。白人学生所占百分比每增加一个单位，学生在幼儿园秋季的平均数学成绩提高 1.80 分（$se=0.314$，$p<0.001$），在幼儿园春季的数学成绩平均提高 1.94 分（$se=0.433$，$p<0.001$），在一年级春季的数学成绩平均提高 2.58 分（$se=0.679$，$p<0.001$），在三年级春季的数学成绩平均提高 3.59 分（$se=0.888$，$p<0.001$），在五年级春季的数学成绩平均提高 3.90 分（$se=0.884$，$p<0.001$）。该结果说明，随着学生年级的增长，学校中白人学生所占百分比对学生的数学成绩影响越来越大。

在控制同伴社会经济地位之后，白人学生所占百分比对学生数学成绩的影响依然显著，但显著性有所降低。尽管白人学生所占百分比对学生数学成绩的影响有所降低，但依然显著提高学生的数学成绩，在幼儿园秋季的数学成绩（$b=0.90$，$se=0.307$，$p=0.003$），在幼儿园春季的数学成绩（$b=1.04$，$se=0.426$，$p=0.015$），在一年级春季的数学成绩（$b=1.42$，$se=0.682$，$p=0.037$），在三年级春季的数学成绩（$b=1.94$，$se=0.871$，$p=0.026$），在五年级春季的数学成绩（$b=2.34$，$se=0.862$，$p=0.007$）。回归系数差异检验结果表明，这四个年级的回归系数之间均不存在显著性差异，即学校白人学生所占百分比显著提高学生的数学成绩，但与年级无关。

在学校水平上控制了白人学生所占百分比之后可见，同伴社会经济地位促进了学生的数学学习成绩。同伴社会经济地位解释了不同年级学生数学成绩在学校水平上的变异的 26.2%、10.2%、10.5%、14.6%及 15.1%。该结果表明，随着年级的增加，同伴社会经济地位对学生数学成绩在学校水平上的变异的解释力越来越大。

同伴社会经济地位促进学生数学成绩的提高。本研究在个体层面控制了学生的性别、族裔及学生先前的数学成绩，在学校层面控制了白人学生所占百分比。结果发现，同伴社会经济地位每增加一个单位，学生在幼儿园秋季的数学成绩平均提高 2.8 分（$se=0.377$，$p<0.001$），在幼儿园春季的数学成绩平均提高 3.03 分（$se=0.51$，$p<0.001$），在一年级春季的数学成绩平均提高 4.80 分（$se=0.74$，$p<0.001$），在三年级春季的数学成绩平均提高 6.89 分（$se=0.87$，$p<0.001$），在五年级春季的数学成绩平均提高 6.76 分（$se=0.93$，$p<0.001$）。从回归系数的趋势上看，同伴社会经济地位对个体学生数学成绩的影响随年级的增加而逐渐增加，但影响在相邻年级间是否存在显著性差异需进一步检验。

本研究使用克洛格等人（Clogg et al.，1995）的程序来比较相邻年级间的回归系数差异。结果显示，同伴社会经济地位对学生在一年级春季的数学成绩的影响，显著高于对学生在幼儿园春季的数学成绩的影响（$\Delta M=1.77$，$t=1.98$，$p=0.048$）。同伴社会经济地位对学生数学成绩的影响，在其他相邻年级间不存在显著性差异。同时，一年级春季、三年级春季及五年级春季之间的回归系数不存在显著性差异，但均显著高于幼儿园的回归系数。该结果说明，在学生进入小学阶段后，同伴社会经济地位对学生数学成绩的影响随年级的增加而趋于稳定。

本研究进一步检验同伴社会经济地位对家庭社会经济地位与学生数学成绩之间的调节作用。同伴社会经济地位解释了家庭社会经济地位与学生数学成绩之间关系在学校水平上的变异的 19.3%、7.3%、0%、38.0%及 58.5%。该结果显示，家庭社会地位对数学成绩的影响在学校水平上变异，同伴社会经济地位对其的解释力随年级的上升先降低后升高。

同伴社会经济地位显著调节了家庭社会经济地位对学生数学成绩的影响，但该调节作用受到年级的影响。同伴社会经济地位每提高一个单位，家庭社会经济地位对学生在幼儿园春季的数学成绩的影响平均降低了 0.90 个单位（$se=0.381$，$p=0.018$）①，对学生在一年级春季的数学成绩的影响平均降低了 1.15 个单位（$se=0.284$，$p<0.001$），对学生在一年级春季的数学成绩的影响没有显著的下降（$b=-0.30$，$se=0.455$，$p=0.509$），对学生在三年级春季的数学成绩的影响显著下降了 1.64 个单位（$se=0.463$，$p<0.001$），对学生在五年级春季的数学成绩的影响显著下降了 1.57 个单位（$se=0.398$，$p<0.001$）。不同年级间的回归系数的差异性检验结果表明，在同伴社会经济地位的调节效应方面，相邻年级间的回归系数不存在显著性差异。该结果说明，同伴社会经济地位越高，家庭社会经济地位对学生数学成绩的影响越小，但该影响与年级无关。

① 由于幼儿园秋季是第一次收集数据，没有先前的学业成绩。因此，在分析调节效应时，不对幼儿园秋季的家庭社会经济地位与数学成绩之间的调节效应作分析。

第三节　家庭社会经济地位对学生学业的影响：以能力分组为调节变量

一、阅读能力分组调节家庭社会经济地位对阅读成绩的影响

本节采用的样本如第二章第二节所示；所用的变量包括学生的阅读成绩、性别、家庭社会经济地位、族裔、同伴社会经济地位、学校白人学生所占百分比及阅读能力分组。变量的具体测量方法详细见第二章第二节；统计分析模型见第二章第三节（见表3.3，模型5、6）。

以模型4为基础，本研究在学校水平上加入阅读能力分组（表3.3，模型5）；并以模型5为基础，在学校水平上加入阅读能力分组探讨其对家庭社会经济地位与阅读成绩之间关系的调节效应（表3.3，模型6）。阅读能力分组由同伴阅读成绩的方差作为测量指标。值得注意的是，方差越大表示学生间阅读成绩相差越大；方差越小表示学生间阅读成绩相差越小。

能力分组解释了幼儿园秋季、幼儿园春季、一年级春季、三年级及五年级春季学生阅读成绩在学校水平上的变异的20.6%、24.7%、

3.0%、0.9%及6.3%。这个结果说明，能力分组对学生阅读成绩在学校水平上的变异的解释力呈现先增加再减少然后再增加的趋势。

阅读能力分组对学生在不同年级的阅读成绩的影响不一样。结果显示，能力分组每增加一个标准差，学生在幼儿园秋季的阅读成绩平均提高1.23分（$se=0.15$，$p<0.001$），在幼儿园春季的阅读成绩平均提高1.39分（$se=0.18$，$p<0.001$），在一年级的阅读成绩没有显著的提高（$b=0.05$，$se=0.22$，$p=0.824$），在三年级春季的阅读成绩平均降低0.50分（$se=0.22$，$p=0.022$），在五年级的阅读成绩平均降低0.92分（$se=0.20$，$p<0.001$）。以上结果说明，学生间的阅读能力差异越大越有利于学生在幼儿园的阅读成绩的提高，但不利于在三年级及五年级的阅读成绩的提高。也就是说，能力分组的程度越低越有利于学生在幼儿园的阅读成绩的提高；能力分组程度越高越有利于学生在三年级及五年级的阅读成绩的提高。回归系数的差异检验结果显示，能力分组对学生在幼儿园秋季和春季的阅读成绩的影响没有显著性差异（$t=0.683$，$p=0.495$），对学生在幼儿园春季的阅读成绩的影响显著高于对学生在一年级春季的阅读成绩的影响（$t=-4.71$，$p<0.001$），对学生在三年级和一年级春季、五年级春季的阅读成绩的影响没有显著性差异（$t=1.446$，$p=0.148$；$t=1.41$，$p=0.158$），对学生在五年级春季的阅读成绩的影响显著高于学生在一年级春季的阅读成绩的影响（$t=2.93$，$p=0.004$）。该结果说明，能力分组程度越高对年级越高的学生的阅读成绩越有利。

能力分组解释了幼儿园秋季、幼儿园春季、一年级春季、三年级春季及五年级春季个体家庭社会经济地位对学生阅读成绩的影响在学校水平上变异的75.9%、43.6%、18.2%、35.8%及1.6%。学生间的阅读成绩差异越大，越是增加了家庭社会经济地位对幼儿园秋季学生阅读成绩的影响（$b=0.97$，$p<0.001$）、对幼儿园春季学生阅读成绩的影响（$b=0.71$，$p<0.001$），及对三年级春季学生阅读成绩的影响（$b=1.14$，$p<0.001$）。但阅读能力分组对一年级和五年级个体家庭社会经济地位与学生阅读成绩之间关系的影响，没有显著性差异（$b=0.51$，$p>0.05$；$b=0.30$，$p>0.05$）。根据学生阅读成绩之间的差异，可将1个标准差以上的学校称为低阅读能力分组（阅读能力的分组程度较低，即学生之间的差异较大），1个标准差以下的学校为高阅读能力分组（阅读能力的分组程度较高，学生间差异较小），进一步分析阅读能力分组对家庭社会经济地位与学生阅读成绩之间关系的调节作用。简单效应分析结果显示，高阅读能力分组和低阅读能力分组的学校中，家庭社会经济地位均能促进学生的阅读成绩。但在高阅读能力分组中，家庭社会经济地位对学生阅读成绩的影响比低阅读能力分组的大。

二、数学能力分组调节家庭社会经济地位对数学成绩的影响

这一部分的主要目的是探讨数学能力分组对家庭社会经济地位与学生数学成绩之间关系的调节效应，及比较不同年级之间能力分组对学生数学成绩影响的差异。采用的样本如第二章第二节所示；学生个体水平上的变量包括学生的性别、族裔、家庭社会经济地位及先前的数学成绩，学校水平上的变量包括学校中白人学生所占百分比、同伴社会经济

地位及数学能力分组。变量的具体测量方法详见第二章第二节；统计分析模型见第二章第三节（表 3.6，模型 5、6）。其中，数学能力分组采用学生数学成绩的方差来表征。学生间数学成绩的差异越大，数学能力分组程度越低；学生间数学成绩的差异越小，数学能力分组程度越高。

数学能力分组解释了学生在不同年级的数学成绩在学校水平上的变异的24.1%、17.5%、3.8%、2.3%及 1.5%。结果表明，随年级的上升，数学能力分组对数学成绩在学校水平上的变异的解释力越来越小。

然而，数学能力分组对学生在不同年级的数学成绩的影响不一样。学生间的数学成绩差异每提高一个单位，学生在幼儿园秋季的数学成绩平均提高 0.89 分（$se=0.15$，$p<0.001$），在幼儿园春季的数学成绩平均提高 0.96 分（$se=0.14$，$p<0.001$），在一年级的数学成绩平均提高 0.19 分，但不显著（$se=0.192$，$p=0.322$），在三年级的数学成绩平均提高 0.33 分，但不显著（$se=0.186$，$p=0.076$），在五年级的数学成绩平均降低 0.23 分，但不显著（$se=0.23$，$p=0.318$）。该结果说明，学生之间的数学成绩差异越大，学生在幼儿园的平均数学成绩就越高，即数学能力分组程度越高对学生在幼儿园的数学学习是不利的。然而，在一年级到三年级，学生之间的数学成绩差异对学生的数学成绩没有显著性的影响；同时，学生间的数学成绩差异对学生在五年级的数学成绩有负面影响，但不显著。该结果可能说明，数学能力分组程度越高，学生在五年级之后的数学成绩会越高（表 3.6，模型 6）。

接下来检验数学能力分组对家庭社会经济地位与学生数学成绩之间关系的调节效应。数学能力分组分别解释了幼儿园秋季、幼儿园春季、一年级春季、三年级春季及五年级春季的家庭社会经济地位对学生数学成绩的影响在学校水平上的变异的 14.4%、32.9%、12.7%、7.4%及 9.4%。学生间数学成绩的差异越大，个体家庭社会经济地位对学生数学成绩的影响就越大。学生间数学成绩的差异每提高一个单位，家庭社会经济地位对学生在幼儿园春季数学成绩的影响显著增加 0.57 个单位（$se=0.165$，$p<0.001$），对学生在一年级春季的数学成绩的影响显著增加 0.23 个单位，但不显著（$se=0.236$，$p=0.330$），对学生在三年级春季的数学成绩的影响显著增加 0.50 个单位（$se=0.241$，$p=0.038$），对学生在五年级春季的数学成绩显著增加 0.7 个单位（$b=0.70$，$se=0.194$，$p<0.001$）。学生间数学成绩的差异越大，除对学生在三年级的数学成绩的影响没有显著性增大外，家庭社会经济地位对学生在其他年级（幼儿园秋季、幼儿园春季、三年级及五年级）的数学成绩的影响都显著增大。换句话说，数学能力分组程度越低，会增大家庭社会经济地位对学生数学成绩的影响越强；数学能力分组程度越高，家庭社会经济地位对学生数学成绩的影响越弱。根据学生间数学成绩的差异，可将一个标准差以上的组称为数学能力分组程度低的组（即低数学能力分组）；1 个标准差之下的组为数学能力分组程度高的组（即高数学能力分组）。简单效应分析结果显示，对于家庭社会经济地位对学生数学成绩的影响，高数学能力分组的大于低数学能力分组。

第四章
结论与讨论

本研究采用美国幼儿追踪数据幼儿园队列（1998—1999），应用多变量多水平模型，从三个角度分析了家庭社会经济地位对学生学业成绩发展的影响。这三个角度包括：

第一，从学科和年级的角度，回答了家庭社会经济地位对学生学业成绩的影响。

第二，从学科和年级的角度，回答了同伴社会经济地位对学生学业成绩的影响，及同伴社会经济地位调节家庭社会经济地位对学生学业成绩的影响。

第三，从学科和年级的角度，回答了能力分组对学生学业成绩的影响，及能力分组调节家庭社会经济地位对学生学业成绩的影响。

本章首先在第一节总结了以上三个角度的研究结果，随后在第二节中讨论这些研究结果与文献的一致性程度及可能的原因，最后讨论这些研究结果在实践中的应用。

第一节　结论

一、家庭社会经济地位对学生学业成绩的影响：学科与年级的视角

本研究分别探讨了家庭社会经济地位对学生阅读和数学成绩发展的影响。比较家庭社会经济地位对两个不同性质学科的影响，结果发现两者存在一些相同点和不同点：

1. 家庭社会经济地位能够显著提高学生的阅读成绩。学生的家庭社会经济地位越高，阅读成绩的增长速度越快。这一结论对数学学科也成立。

2. 家庭社会经济地位对学生在幼儿园秋季至三年级的阅读和数学成绩的影响，随年级的升高而增大。

3. 家庭社会经济地位对学生在五年级的阅读成绩的影响显著低于对学生在三年级的阅读成绩的影响，但家庭社会经济地位对学生在三年级和五年级的数学成绩的影响不存在显著性差异。

4. 在控制了学生的性别、族裔及先前的学业成绩之后，家庭社会经济地位对学生在三年级及五年级的阅读和数学成绩的影响均显著

下降。

二、同伴社会经济地位对学生学业成绩的影响：学科和年级的视角

在控制了个体水平上的变异之后，本研究分别探讨了学校水平上的白人学生所占百分比及同伴社会经济地位对学生学业成绩的影响。同时，也探讨了同伴社会经济地位对家庭社会经济地位与学生学业成绩之间关系的调节作用。这些影响在不同学科、不同年级上既有相同点又有不同点。

1. 在控制了同伴社会经济地位之后，白人学生所占百分比对学生在幼儿园的阅读成绩影响不显著，但显著提高了学生在幼儿园的数学成绩。同时，白人学生所占百分比显著提高了学生在一至五年级春季的阅读和数学成绩。该效应在除幼儿园外的相邻年级中均不存在显著性差异。

2. 同伴社会经济地位显著提高了学生在所有年级的阅读和数学成绩。

3. 同伴社会经济地位对学生在一年级春季的阅读和数学成绩的影响显著高于对学生在幼儿园的阅读和数学成绩的影响。

4. 在一年级春季至五年级春季，同伴社会经济地位对学生在相邻年级的阅读和数学成绩的影响均不存在显著性差异。

5. 同伴社会经济地位显著降低了家庭社会经济地位对学生在幼儿园春季至五年级春季的阅读成绩的影响。此外，同伴社会经济地位显著

降低了家庭社会经济地位对学生在幼儿园春季、三年级春季及五年级春季的数学成绩的影响。

6. 同伴社会经济地位对家庭社会经济地位与学生在幼儿园秋季的阅读成绩及一年级春季的数学成绩之间的关系不存在显著的调节作用。

三、家庭社会经济地位对学生学业成绩的影响：以能力分组为调节变量

在控制了个体水平上的变异，以及学校水平上的白人学生所占百分比、同伴社会经济地位及同伴社会经济地位对家庭社会经济地位与学业成绩之间关系的调节效应之后，本研究分别从年级和学科的角度，探讨能力分组对学生家庭社会经济地位与学业成绩关系的调节效应。总体上来说，能力分组对学生阅读和数学成绩的影响有一致处，也有不一致的地方。

1. 能力分组程度越低（方差越大）越有利于学生幼儿园阶段阅读和数学学习；反之，能力分组程度越高越不利于学生在幼儿园的阅读和数学的学习。

2. 学生间的阅读成绩差异越大，越有利于提高学生在幼儿园的阅读成绩；同样的结论也可从数学学科中发现。

3. 能力分组对学生在一年级的数学和阅读成绩都没有显著的影响。

4. 能力分组显著提高学生在三年级春季和五年级春季的阅读成绩，但对学生在三年级春季和五年级春季的数学成绩没有显著的影响。

5. 能力分组显著降低家庭社会经济地位对学生在幼儿园、三年级

春季的阅读及数学成绩的影响。即，在幼儿园及三年级春季，相比于与和自己阅读能力相差小的同伴在一起，如果学生与和自己阅读能力相差大的同伴在一起，家庭社会经济地位对阅读成绩的影响更小。同样的结论也适用于幼儿园与三年级的数学学习。

6. 能力分组显著降低家庭社会经济地位对学生在五年级的数学成绩的影响。即，在五年级，相比于与和自己数学能力相差较小的同伴在一起，如果学生与和自己数学成绩相差大的同伴在一起，家庭社会经济地位对学生数学成绩的影响更小。但此效应并没有出现在五年级的阅读学习上。

7. 能力分组对家庭社会经济地位与学生在一年级的阅读和数学成绩之间关系的调节效应并不显著。

第二节 讨论

一、家庭社会经济地位对学生学业的影响

学生每天有将近三分之二的时间待在家里，尤其是低年级学生。因此，家庭对学生学习的影响不可忽略。本研究采用美国幼儿追踪数据幼儿园队列（1998—1999）来探讨家庭社会经济地位对学生阅读成绩发展的影响。结果显示，家庭社会经济地位对阅读成绩的影响和对数学基本一致。家庭社会经济地位高的学生，阅读和数学成绩均较高，且学业成绩增长的速度更快。在控制了性别、族裔及先前的学业成绩之后，家庭社会经济地位对学生学业成绩的影响从幼儿园到三年级逐渐增大，从三年级到五年级显著减小。但在没有控制先前的学业成绩的情形下，家庭社会经济地位对学生在三年级至五年级的数学成绩的影响并没有显著性差异，这一点与家庭社会经济地位对学生的阅读成绩的影响是不一致的。

（一）家庭社会经济地位促进学生学习

家庭社会经济地位高，学生的学业成绩普遍较高，且平均增长速度

快。这一结论与大多数研究结论相符（Coleman et al.，1966；Sirin，2005；White，1985）。家长利用家庭资源给子女创造有利的学习环境（Teachman，1987）。根据家庭投资理论模型，家庭社会经济地位高的家庭会在子女的身体健康、情绪、认知、社会关系及幸福感等多方面进行投资（R. D. Conger & Donnellan，2007）。由此，家庭社会经济地位高的学生有更多的资源，比如，买得起更多的书，有更多的机会去参观博物馆或出游（Chiu & Zeng，2008；Sénéchal & LeFevre，2002）。此外，父母可以利用自身优势帮助子女获得更高的学业成绩（Shonkoff & Phillips，2000），如与子女有更多启发性的对话，在交流中使用更丰富的词汇及使用灵活的辅导策略等（Ho & Willms，1996；Lee & Bowen，2006）。事实上，家庭社会经济地位高的家长参与质量也更高，对子女教育的投入程度高（Ninio，1980），且对子女行为和要求的反应更为及时，对子女学业成绩的期望也随之增高（Lareau，2003）。总之，高社会经济地位所意味的家庭资源及父母亲行为为子女获得高学业成绩提供了基本保证。

反之，家庭社会经济地位低的学生，其学业成绩普遍较低。家庭压力模型指出，家庭经济压力会影响父母情感和行为问题。父母间的情感冲突及冷战等行为问题会进一步导致亲子关系紧张、陪伴子女时间减少及使用更多的体罚策略（R. D. Conger & Donnellan，2007）。而这些行为导致子女的认知发展较差，学业水平较低。因此，高家庭社会经济地位学生的学业成绩普遍要比低家庭社会经济地位的学生高。

（二）家庭社会经济地位对学业成绩的影响从幼儿园至三年级逐渐增强

家庭社会经济地位对学生学业成绩的影响从幼儿园到三年级逐渐增大。这一结论跟西林（Sirin，2005）的结论部分一致，但与怀特（White，1982）的研究结论相反。西林的研究结果显示，从小学到中学，家庭社会经济地位对学业成绩的影响，随着年级的增加而增大；但到高中后，家庭社会经济地位对学生学业成绩的影响与对小学学生学业成绩的影响相近。本研究的结果与西林和怀特的研究结果不一致的原因可能有三个方面：第一，西林和怀特的研究只是简单地把已发表的关于家庭社会经济地位与学业成绩的相关系数求平均值；其二，西林和怀特的研究没有控制先前学业成绩；其三，本研究只针对幼儿园到小学五年级学生。那么为什么家庭社会经济地位对学前及小学生学业成绩的影响会随年级而发生变化？

家庭社会经济地位对学生学业成绩的影响从幼儿园至三年级逐渐增强。一般而言，学生年龄越小，在家的时间越长，与家人相处的时间也越长，学生受到家庭的影响也越大。然而，家庭社会经济地位对学生学业成绩的影响却是随年级逐渐增大的。这一方面是因为随着年龄的增长，学生认知能力的发展，学生吸收和理解信息的能力逐渐增强，学生对智力资源及人力资本的需求更多。另一方面，随着学生年级的升高和学业发展，学生对物质资源的需求也越来越多。家庭社会经济地位的高低反映了儿童在家的物资资源、智力资源及人力资本的丰富程度，也决定了学生的发展需求是否能够得到充分的满足。

随着年级的升高及认知能力的发展，学生对物质资源的需求逐渐增加。低龄学生对物质资源的需求不高，如在幼儿园阶段，只需要一些简单的玩具以及少量的书。不论家庭社会经济地位高、低的家庭均可提供，因而差异不明显。然而，随着年级的升高，学生越来越多需要通过阅读课外材料，观看电影，参观科技馆、博物馆及外出旅游等活动来拓展知识面。这些需求对家庭的经济条件和父母精力要求较高。家庭社会经济地位高低的差别对学生学业的影响由此开始显现。家庭社会经济地位低的家长往往不得不花费更多时间和精力赚钱养家，因此，他们没有时间或较少有时间陪伴子女做相应的事情。

随着认知能力及学业知识的增长，学生对智力资源的需求也逐渐增加。学生在幼儿园，只需要学习基础、简单的知识（如，学习识别字母A、B、C，认识数字1、2、3等）及学会基本的计算与阅读。这些知识与技能要求并不高，接受过初等教育的父母均可胜任，因此对比高、低受教育程度的父母，差异不大。然而，随着学生年级的上升，学生与家长的交流开始使用更多更复杂的词汇，内容与范围也更广更多样化，如电影/电视的观看体验，或者对某本书的思考等。学生对数学的学习也不再限于简单的加减法，他们将学习更加复杂的知识与技能，如将数学知识应用到实践及更高水平的逻辑推理能力中。对于受教育程度低的家长而言，其自身教育储备已逐渐无法满足子女的需求，无法给他们提供相应的辅导。因而，家庭社会经济地位高低对学生学业成绩影响的差异开始增大。

随着年龄及认知能力的发展，学生的社交网络逐渐扩展。学生年幼时的主要活动场所是家庭，对于社交网络的需求较少。然而，随着学生长大，开始与周围人互动和交流，进而有了越来越多的社会活动。就像基尔伯恩（1993）指出的，个体社交网络的质量对学生的认知和行为发展起着至关重要的作用。家庭社会阶层会影响子女社交网络的质量。高家庭社会经济地位通常意味着高社会阶层和高受教育程度的社交网络，学生能够接触到的社交网络质量也更高。家庭社会经济地位的高低影响学生社交网络的质量，学生社交网络的质量影响学生的认知发展，进而对学生学习成绩产生较大的影响。

（三）家庭社会经济地位对学业成绩的影响从三年级到五年级逐渐减弱

家庭社会经济地位对学生阅读成绩的影响从三年级到五年级开始下降；在控制学生先前的阅读成绩时，该结论依然成立。这个结论与怀特（White，1985）的结论一致但与西林（Sirin，2005）的研究结论相反。这个转折发生在学生从小学低年级到小学高年级的转变阶段。随着学生进入小学高年级，学生的认知能力开始有了很大的提升，比如，阅读成绩就会经历一次飞跃。这些能力的训练主要通过学校教师的教授。家庭角色在学生学业发展中的重要性开始减弱，学校和教师的重要性开始加强。这一点与零模型中的结果——阅读成绩在学校水平上的变异随年级逐渐增加——吻合。

对数学成绩来说，在没有控制先前数学成绩时，家庭社会经济地位对学生数学成绩的影响在三年级和五年级之间没有显著性差异。该结果与数学成绩的零模型结果——学校水平解释学生数学成绩的变异较为稳定——吻合，但与阅读成绩的零模型结果不一样。在控制了先前数学成绩之后，家庭社会经济地位对学生数学成绩的影响也显著下降。1992年，恩特威斯尔（Entwisle）和亚历山大（Alexander）的研究结果表明，早期学业成绩较差的学生在小学阶段后依旧落后于同龄人。该结果说明，先前数学成绩对学生后期数学成绩的发展具有重要的意义。如果学生先前数学成绩较好，则可降低家庭社会经济地位对其数学学习的影响。

从三年级到五年级，在控制了学生先前数学成绩之后，家庭社会经济地位对学生数学学习的影响开始减弱。当学生进入小学高年级后，学业发展对学生认知能力的要求开始增加，而这些能力的训练主要来自教师，家庭的影响开始减弱，学校的影响开始加强。因此，家庭社会经济地位对学生数学成绩的影响逐渐变小。这一点和阅读成绩是一样的。

此外，随着年级升高，社交网络扩大，学生越来越多地与同伴互动，分享各种资源，如交换图书，交流学习心得、讨论学习问题及共享社交网络。这样的交流合作与资源共享很可能对学生的阅读及数学成绩产生影响。

由此推知，学生的社会化程度随年级升高不断增强。学生与教师及同伴互动的频率越来越高，学校的重要性逐渐增强。来自学校、教师、同伴乃至其他社会关系的资源补充了学生的资源来源，从而降低了学生对家庭的依赖。这些资源之间的竞争也会进一步削弱家庭社会经济地位对学生学业成绩的影响。学生之间会相互分享图书资源，相互合作，共享智力资源等。这些来自同伴的资源也可能会减弱家庭社会经济地位对学生数学能力的影响。因此，来自学校、教师及同伴的资源对学生资源来源的补充，及各个资源之间的竞争，都是减弱家庭社会经济地位对学生数学能力影响的可能因素。

二、同伴社会经济地位对学生学业的影响

同伴社会经济地位对学生阅读和数学成绩的影响较为一致：(1) 同伴社会经济地位显著提高了学生在所有年级的阅读和数学成绩；(2) 同伴社会经济地位对学生在一年级至五年级的阅读和数学成绩的影响不存在年级间差异；(3) 同伴社会经济地位对学生在一年级的阅读和数学成绩的影响显著高于对学生在幼儿园的阅读和数学成绩的影响；(4) 同伴社会经济地位显著调节家庭社会经济地位与学生阅读和数学成绩之间的关系。但也存在不一致的地方：同伴社会经济地位没有显著降低家庭社会经济地位对学生在幼儿园秋季的阅读成绩及在一年级的数学成绩的影响。

即使在控制了同伴社会经济地位之后，学校中白人学生所占百分比越高，学生的平均阅读和数学成绩越高。该结果说明，学校中白人学生所占百分比高可能不只是学校间同伴社会经济地位的差异，还可能是学校在物质和智力资源上的差异，如教师的质量、图书馆资源的丰富性、上网资源及其他辅助设备的完善程度等，因而影响学生阅读和数学成绩的发展。

同伴社会经济地位对学生的阅读和数学成绩有显著的正向影响。该结果与以往关于青少年学生的研究结果一致（Caldas & Bankston III，1997；Chiu & McBride-Chang，2005）。学生在进入学校之前多少具备一些阅读和数学能力，并带入来自家庭的资源、行为、文化及社交网

络。群体理论指出，人们受到他们同伴的行为和周围环境的影响（Harris，1995）。家庭社会经济地位高的学生通常有良好的行为举止、习惯、高学业成绩、高学习动机及对学校积极的态度（Duru-Bellat & Mingat，1998）。学生在互动中学习和模仿彼此的行为、习惯及学习动机等，从而受到同伴社会经济地位的影响。此外，学生在互动过程中，也相互交换物质资源，故在互动过程中，学生也使用了同伴的资源。

在同伴互动中，学生与同伴共享家长的受教育程度和社交网络。研究表明，班级学生母亲的平均受教育程度越高，学生的平均学业水平也越高（McEwan，2003；Rumberger & Willms，1992）。受教育程度高的家长与子女交流的词汇往往更丰富、更灵活、更复杂，而不同家庭使用的词汇也不一样。通过学生之间的交流，学生相互学习了同伴的词汇，从而提高了自身的词汇量。因此，同伴的家长受教育程度通过影响自己子女的词汇量，再影响学生的词汇量，从而提高整体学生的阅读成绩。同伴间也会共享各自的社交网络。家庭社会经济地位高的学生具有丰富和高质量的社会关系，这些社会关系的平均受教育程度也较高。通过同伴互动，学生也可以得益于同伴的社会关系。

同伴社会经济地位对学生从幼儿园至一年级的阅读成绩的影响逐渐增加，但一年级之后该影响趋于稳定。这一结果说明，同伴社会经济地位对学生阅读与数学成绩的影响与年级有关。随着学生年龄的增加，同伴社会经济地位对阅读成绩的影响越来越大，这可能是因为学生的认知能力和学习能力都在提高。此外，学生在开始上学时可能更依赖他们的家庭；随着他们越来越多地参与学校生活，学生会更多地受到来自同伴的影响。然而，学校层面解释学生阅读成绩的变异随年级的增加而变大，这表明学生的阅读成绩不仅受到同伴社会经济地位的影响，还受到学校其他因素的影响。

在幼儿园到一年级，同伴社会经济地位对学生数学成绩的影响也随年级的增加而增大，但在一年级到五年级，同伴社会经济地位对学生数学成绩的影响趋于稳定。这可能跟数学学科的独特性有关。学生在幼儿园和一年级的时候，数学的学习更多是记忆性内容，如认识数字、大小排序等。这些知识可以在同伴互动中学习，因而，同伴社会经济地位对学生数学成绩的影响会逐步增大。进入一年级之后，学生开始学习更复杂的数学知识，比如乘除法、位值及逻辑推理等问题。这些知识的学习更多是与教师的教及学生的独立学习有关，但也可能受到同伴间的影响，需要进一步的研究检验。

与此同时，同伴社会经济地位削弱了家庭社会经济地位对学生阅读和数学成绩的影响，且年级越高，同伴社会经济地位的解释力越强。也就是说，同伴社会经济地位对学生的家庭社会经济地位具有补偿作用。以数学学习为例，除了一年级，其他年级的家庭社会经济地位对学生数学成绩的影响在学校水平上的变异都能为同伴社会经济地位所解释。同伴社会经济地位较高，则家庭社会经济地位对学生数学成绩的影响较小；反之，同伴社会经济地位较低，则家庭社会经济地位对学生数学成绩的影响较大。

究其原因，与同伴社会经济地位对学生阅读和数学成绩的影响机制是相似的。学生在学校中与同伴交换物质和智力资源，而家庭社会经济地位高的同伴能够提供更多的可利用资源，从而弥补原生家庭在资源供给上的不足。这也解释了家庭社会经济地位对学生学习的影响随年级升高而降低的原因，因为学生的认知能力和社会化程度随着年级升高而增加，这种补偿作用也就越来越明显。另外，家庭社会经济地位对学生学业成绩的影响减小的原因也可能来自于同伴间的资源互补，但这需要进一步的研究检验。

三、家庭社会经济地位对学生学业的影响：以能力分组为调节变量

本研究在个体水平上控制了学生的性别、族裔及家庭社会经济地位，在学校水平上控制了学校白人学生百分比及同伴社会经济地位，从而研究能力分组对学生在不同年级的阅读和数学成绩的影响。研究结果表明，能力分组影响学生学业成绩，而影响的大小与年级、学科有关。因而，以下分别讨论能力分组对学生阅读和数学成绩的影响。

（一）能力分组调节家庭社会经济地位对学生阅读成绩的影响

学生间的阅读成绩差异越大，学生在幼儿园的阅读成绩提高越快；但学生间的阅读成绩差异对一年级学生的阅读成绩没有影响；而学生间的阅读成绩差异越小，对三年级和五年级学生的阅读成绩越具有促进作用。此外，能力分组调节家庭社会经济地位对学生阅读成绩的影响，且与学生的年级有关：阅读能力分组对家庭社会经济地位对学生阅读成绩的影响在学校水平上的变异的解释力随年级的增加而递减。

学生间的阅读成绩差异越大，学生在幼儿园的平均阅读成绩越高。该结果与 2008 年莫伊（Mooij）和德里森（Driessen）“学前教育应更好

匹配学生的能力差异”的结论相反。学生在幼儿园里学会了最基础的阅读技能，如会读 a、b、c，识别大、小写字母等。通过与同伴的互动和相互模仿，他们从彼此身上学到的比从教师的教学中得到的更多（Adey & Shayer，1994）。此外，高阅读成绩的学生有机会教低阅读成绩的学生，而低阅读成绩的学生也有机会受教于高阅读成绩的学生。换言之，能力分组可能导致低阅读成绩组学生的智力资源减少，及学生互助的机会（受到帮助和帮助别人）减少。向其他人解释问题可以帮助讲授者理清思路，同时接受解释的个体可以扫除自己的困惑或改正自身理解错误的地方，也可以在接受解释的过程中学习更好的策略（Webb，1982a，1982b，1984）。在能力分组程度高的组里，阅读成绩相近的同学向同伴请教，同伴很可能也不知道答案因而没有任何反应，或者只给出简单的答案而没有更多的解释，因而双方无法讨论起来，最终都受挫。高阅读成绩组的学生没有机会向低阅读成绩的同伴解释，同样也没有机会向比自己更强的同伴学习，而低阅读成绩组的学生没有机会向高阅读成绩组的同伴请教。因而，高、低阅读成绩组的学生都失去了教与被教的机会。这种教与被教在没有进行能力分组的组别中执行得最好，能力高和能力低的学生都从中获益（Hallam，2002）。2004 年，蓝、张和宋指出，在英语学习中，学生之间能力差异越大，通过不同能力水平的学生之间合作，学生的语言能力提高得越快（Lan，Chang，& Sung，2004）。他们进一步指出，如果教师可以在实践中指导他们，对学生的语言能力提高将更有帮助。

能力分组显著提高学生在三年级和五年级的阅读成绩。这个结果与 2008 年莫伊（Mooij）和德里森（Driessen）“小学教育应更好匹配学生的能力差异”的结论一致。随着学生年级的升高，他们开始学习更高水平的阅读技能。如字面推理，即根据文中的关键词提供的线索推断作者的意图，这需要较高的认知能力及独立思考能力。为了达到这一目标，学生需要通过独立学习及教师讲授获得独立思考的能力。将学生根据阅读能力进行分组，教师可以根据学生的水平和需求进行授课，做到因材施教，从而不会给阅读成绩低的学生带来压力，也不会让阅读成绩高的学生感到烦闷，因此同时促进了高、低阅读成绩组学生的阅读成绩。此外，小组讨论也是提高学生阅读成绩的另外一种方式。能力分组可以提高组内合作。研究表明，低阅读成绩的学生在混合组（没有能力分组）中很少参与讨论。一方面他们害怕自己说错受到嘲笑；另一方面，他们可能无法完全理解或跟上讨论中的话题，因而很难参与到讨论中来（Saleh et al.，2007）。学生在能力分组中合作程度更高，也会使用更多的合作策略，但在混合组中合作就较少（Saleh et al.，2005）。研究发现，相比于混合组，能力较低的学生之间的互动更多，能力高的学生之间的互动也更多（Kang，2007）。

能力分组降低了家庭社会经济地位对学生阅读成绩的影响。即与相近阅读成绩的同伴在一起，比与阅读成绩相差较大的同伴在一起，可以降低家庭社会经济地位对学生阅读成绩的影响。换句话说，能力分组可以降低家庭社会经济地位对学生阅读成绩的影响，或者说，阅读能力分组可以弥补低家庭社会经济地位给学生造成的不利影响。一方面，将相同阅读能力的学生放在一起可以提高组内学生之间的合作（Saleh et al.，2005，2007）。学生在学习过程中讨论问题，共同解决问题，这些讨论可以帮助学生提高他们的学业成绩及合作解决问题的能力。另一方面，将相同能力的学生分组在一起，可以提高低阅读成绩学生的学业自我概念（Marsh，1987），从而提高低阅读能力学生的阅读成绩。

（二）能力分组调节家庭社会经济地位对学生数学成绩的影响

能力分组程度对学生数学成绩的影响跟年级有关。能力分组程度越低，学生在幼儿园的数学成绩越高；能力分组程度对学生在一年级至五年级的数学成绩没有显著性的影响。同时，能力分组程度越高，家庭社会经济地位对学生在幼儿园、三年级及五年级的数学成绩的影响越小。

学生间数学能力差异越大，学生在幼儿园的数学成绩越好。这个结果与2008年莫伊（Mooij）和德里森（Driessen）“学前教育应更好匹配学生的能力差异”的结论相反。学生在刚开始学习数学时，接触的大多都是记忆性知识点，比如认识数字、会数数等。学生通过与同伴交流、互动，从同伴身上学到基础的数学能力，被同伴强化。换句话说，与数学能力相近的同伴在一起，不利于学生数学的学习：将能力相近的学生集中在一起，会减少低数学成绩学生的智力资源及受到帮助的机会；同时也会降低高数学成绩学生帮助低数学成绩学生的机会。在低年级，学生通过一些日常例子，如数苹果的个数来学习数学，高数学能力学生通过数苹果带动低数学能力的同学数苹果，从而相互增强了彼此数数的能力。

学生间的数学能力差异大小对学生在一年级至五年级的数学成绩影响不显著。原因之一在于数学学科的特殊性，其高度的抽象性、结论的确定性及表述的规范性有别于阅读。相比于幼儿园，小学阶段的数学学习对学生独立思考的要求更高。此外，低年级的学生之间可能还无法形成小组的讨论，因而学生的数学学习更多地是从教师身上获得。因此，学生间数学能力的差异对学生数学学习的影响较小。

虽然一年级到五年级，学生间数学能力的差异对学生数学成绩的影响不显著。但到五年级，学生间的数学能力差异越小，学生数学成绩越好，只是这种影响并不显著。该结果说明，随着年级的升高，学生认知能力的增长，数学能力分组有利于学生的数学学习。未来可以研究数学能力分组对学生在五年级及以上的学生的数学成绩的影响。

学生与数学能力差异大的同伴在一起，家庭社会经济地位对学生数学成绩的影响更大；学生与数学能力相近的同伴在一起，家庭社会经济地位对学生数学成绩的影响较小。由于数学学科的特点对学生独立思考的要求，同伴间的互助在小学数学中所起的作用有限，而数学能力分组可以提高教师授课的效率，因而，同伴间的数学能力相近（能力分组）可以减少家庭社会经济地位对学生数学学习的影响。

第三节 建议与局限

本研究通过对美国幼儿追踪数据——幼儿园队列（1998—1999）考察了（1）家庭社会经济地位对学业发展的影响；（2）同伴社会经济地位对学生学业发展的影响及对家庭社会经济地位与学业成绩之间关系的调节作用；（3）能力分组对家庭社会经济地位与学业成绩之间的调节作用，最终得到三个主要结论。

首先，家庭社会经济地位对学生学业成绩的影响先增大后减小，而这个关键转折期发生在三年级到五年级之间。其次，同伴社会经济地位对学生学业成绩有正向影响，并显著降低了家庭社会经济地位对学生学业成绩的影响，即同伴社会经济地位对家庭社会经济地位具有补偿作用。第三，能力分组程度越低，对学生在幼儿园的数学和阅读学习越有利；能力分组程度越高，对学生在三年级至五年级的阅读学习越有利。能力分组对学生在一年级至五年级的数学学习没有显著性影响。此外，能力分组程度越高，家庭社会经济地位对学生阅读和数学学习的影响越小，即能力分组对家庭社会经济地位也具有补偿作用。

上述研究发现对理论和实践均具有一定贡献。在理论上，首先，本研究发现了家庭社会经济地位对学生学业成绩影响不一致的原因；其次，同伴社会经济地位对家庭社会经济地位具有补偿效应；第三，能力分组对学生学业成绩的影响与学生的年级、学科有关，同时能力分组对家庭社会经济地位也具有补偿效应。

在实践中，首先，若学校和政府项目要对家庭社会经济地位低的家庭进行干预，最好的干预阶段是关键转折期之前，即小学五年级前。其次，若学生的家庭社会经济地位不高，可以通过使其与家庭社会经济地位高的同伴的交往互动，可以在一定程度上弥补低家庭社会经济地位造成的缺陷。第三，能力分组不宜在低龄学生阶段，尤其不宜在学前教育阶段进行。

这个研究也存在局限性。首先，由于数据库测量时间点的限制，该研究只采用了幼儿园秋季、幼儿园春季、一年级春季、三年级春季、五年级春季五个时间点的数据。若研究中可以包含更多时间点上的数据，便可以得到更为丰富，更有价值的信息。第二，本研究中使用的样本不具代表性。幼儿园秋季的样本虽然具有全美代表性，但接下来的数据收集点的样本并不具有代表性（Tourangeau et al.，2006）。第三，正如申（Shin）和劳登布什（Raudenbush）于 2010 年所述："样本均值是组织均值（organizational mean）的不可靠估计，这种不可靠性通常不仅会导致情景效应（contextual effect）的估计偏差，而且会导致在控制情景效应之后，其他组织协变量（covariates）与结果变量之间关系的估计偏差。"未来的研究可以使用更多的学校层面的变量去替代采用组织均值的变量。最后，本研究使用的数据来自美国，所得到的结论对中国虽具有一定借鉴作用，但考虑到中国家庭社会经济地位测量的特殊性及中西方文化的差异，未来的研究仍需要在亚洲地区，尤其中国开展进一步的验证检视。

第五章

拓展研究——中国家长参与类型与学生学业成绩的关系[①]

① 相关研究成果可参见：黄小瑞，安桂清．家长参与类型与儿童学习结果的关系［J］．学前教育研究，2018（11）：42－51.

第一节 理论基础

家长参与学校教育是促进儿童发展、提升学校教育质量的重要途径，也是近年来中国教育改革重点关注的领域。2015 年，教育部印发的《关于加强家庭教育工作的指导意见》指出，家庭教育工作的开展关系到孩子的终身发展，更关系到国家和民族的未来。近几十年的研究表明，家长的参与在子女学业发展中扮演着重要角色（Englund，Luckner，Whaley，Egeland，2004；Fan & Chen，2001）。然而，有关家长参与对子女学业成绩的影响，目前的研究结果仍然存在较大分歧。究其原因主要有三：（1）家长参与的内涵很广，不同研究对家长参与的定义不一样。（2）大多数研究只关注家长参与的其中一个或几个行为对子女学业成绩的影响（Toren，2013）。（3）家长参与是家庭教育理念、养育方式及子女行为等要素的综合反映，家长参与子女教育的各种行为之间是相互联系、相互影响的。然而，目前绝大部分研究只看一个或多个变量与学习结果间的关系，尚未有研究将家长参与子女学习的行为视为一个整体学习环境加以研究。因此，本研究通过对家长参与子女学习的行为进行分类，探讨不同家长参与类型在家庭背景、子女学习结果之间的差异。

一、家长参与的定义及其影响因素

家长参与强调家长以监护人、教师助手或义务导师的身份“参与学校事务”（何瑞珠，Morrison，1978）。1987 年，爱泼斯坦（Esptein）提出家长参与包含四个方面：“家长的基本义务、在家参与学习活动、家校沟通、参与学校内事务”。1997 年，爱泼斯坦把“家长的基本义务”去掉，同时增加了“亲职教育（parent education）、家长义务工作、学校与社区建立合作关系”。何瑞珠（1998）根据家长参与的地点将其进一步整合为以家庭为本的家长参与、以学校为本的家长参与及社区合作。以家庭为本的家长参与包含亲职教育及辅助子女在家学习；以学校为本的家长参与包含家校沟通及家长参与学校的义务工作；社区合作则指建立有利于学生学习的社区环境。

以家庭为本的家长参与包含亲职教育（parent education）及在家参与子女学习活动。亲职教育是指促进或指导家长教育孩子技巧的教育，或者父母亲接受如何教孩子的课程指导。辅导子女在家学习是指家长在家庭中协助子女学习。

以学校为本的家庭参与包括家校沟通、家长参与学校的义务工作、家长参与学校内事务决策等。家校沟通是指家长和学校之间就孩子的学习和行为所进行的沟通。比如，学校给孩子发送成绩单、报告孩子在校的行为等，或者学校组织开家长会议，学校告知家长有关学校课程及子女学习进度等，家长就这些资料或情况进行反应（Ho & Willms，1996）；也可以是家长发现学生的学习及行为问题，主动与学校联系，并寻求解决方法。家长参与学校的义务工作是指家长志愿参与学校工作，学校寻求家长的支持与协助。学校参与校内事务决策，是指家长主动参与校内事务决策，如课程建设等，使得家长成为孩子学习上的伙伴。

社区合作是指，学校与社区进一步沟通并建立合作，使得社区成为推动学校发展、家庭和谐及学生学习的资源（何瑞珠，1998）。

根据家长参与的程度不一样，2014 年古多尔（Goodall）和蒙哥马利（Montgomery）详细区分了“家长参与”及“家长投入”这两个概念。根据《麦克米兰字典》显示，参与（involvement）是指“参与某一活动或事件或情况的行为”。2006 年，爱泼斯坦和谢尔登（Sheldon）建议用“学校、家庭和社区伙伴关系”来替代家长参与（parental involvement），也就是被动的参与。比如，老师要求家长参加家长会，家长听教师讲或者按照教师的要求去做。家长投入（parental engagement）则是指“参与特定活动的感觉”，“会见某人或做某事的正式安排，尤指作为公共责任的一部分”，即家长主动参与，比如家长发起并组织某个活动。家长投入包含对学校的承诺，以及对某个活动的拥有权。从家长参与到家长投入是一个连续的过程，一个参与程度不断加深的过程（Goodall & Montgomery，2014）。

家长参与子女学习受到众多因素的影响。胡佛-邓普西（Hoover-Dempsey）及桑德勒（Sandler）认为家长参与取决于三个因素：首先，父母的角色建构界定了他们所采取的教育理念，由此确立在孩子教育过程中重要的、必要的和需要他们与孩子一起完成的或代表孩子完成的那些活动。其次，父母在多大程度上相信通过他们的参与能够对孩子的教育结果产生积极影响。第三，父母对于来自孩子和学校的邀请、要求和参与学习的看法（Hoover-Dempsey & Sandler，1997）。这三点均受到家长自身受教育程度、收入及职业的影响。

总之，家庭是家长参与子女学习的重要场所，家长通过参与子女学习传递自己的教育理念、教育期望和价值观等，从而影响到学生的学习结果。家长参与还受到家庭社会经济地位的影响。本研究中将家长参与界定为家长辅助子女在家学习及建立适合学习的环境。

二、家长参与对子女学业成绩的影响

家长参与对子女学业成绩的影响存在争议。对已发表的元分析（meta-analysis）文章进行梳理发现，家长参与跟学业成绩之间存在两种关系。第一种为家长参与促进子女学业成绩。范息涛的元分析研究发现，家长参与跟学业成绩间关系的效应量为 0.25（Fan & Chen，2001）。杰尼斯（Jeynes）对这一问题进行了一系列元研究：对 1964—2006 年的 51 个研究进行元分析发现，家长参与跟幼儿园及小学学生的学业成绩效应量为 0.29，跟中学生学业成绩的效应量为 0.35（Jeynes，2012）；在对 1972—2002 年关于中学生的研究中发现，家长参与跟学业成绩之间关系的效应量是 0.46（Jeynes，2007）；对 1988—1999 年之间的文章进行元分析发现，父母参与跟学业成绩间关系的效应量在 0.22—0.62 之间（Jeynes，2003）；对城区小学的元分析发现，家长参与跟学业成绩之间关系的效应量达到 0.74（Jeynes，2005）。卡斯托等人对 2000—2013 年 37 个研究，包含幼儿园、小学及中学样本的元分析发现，家长参与跟子女学习的效应量为 0.12（Castro，Expósito-Casas，López-Martín，Lizasoain，Navarro-Asencio，& Gaviria，2015）。以上结果均说明，家长参与跟子女学业成绩之间关系的效应量为中等到大（Cohen，1988）。这些结果表明家长参与对所有学龄段学生的学业成绩具有实质性影响。第二种是家长参与对子女的学业成绩没有影响。马丁利等人对从幼儿园到中学的家长参与的项目进行分析，并未发现家长参与可以促进子女学习的证据（Mattingly，Prislin，McKenzie，Rodriguez，& Kayzar，2002）。希尔和泰森对 1986—2006 年发表的家长参与的量化研究进行分析，结果发现家长参与和学业成绩之间的总体关系很弱，效应量仅为 0.04（Hill & Tyson，2009）。虽然不同的元分析研究中家长参与所涵括的内容不一，但上述两种截然相反的结果表明家长参与对子女学业成绩的影响仍然存在争议。

据已发表的元分析（meta-analysis）研究显示，实证研究中关于家长参与子女学习的行为包含了家长与子女交流，家庭作业监督，设定规则，养育方式，及表达对子女的教育愿景等（Wilder，2014）。家长与子女交流包含情感交流和行为交流：对家庭/学校作业的兴趣（Paulson，1994），讨论在校的学习进展（Yap & Enoki，1995），与子女一起阅读，讨论电视或新闻节目等（Grolnick，Kurowski，Dunlap，& Hevey，2000）；家庭作业监督包含按时完成家庭作业（Peng & Wright，1994），规定看电视时间，以建立有利于学习的环境等；表达对子女的教育期望，包含向子女表达对他/她的教育期望和对学业成绩的看重程度（Paulson，1994）。

这些家长参与的具体行为与子女学业成绩的关系的元分析研究结果也不一致。家长的教育愿景或期望与子女的学业成绩关系的效应量为0.40（Fan & Chen，2001），与学业成绩的社会化（Academic Socialization）关系的效应量为0.39（Hill & Tyson，1994）。培训家长教子女阅读可以促进子女阅读成绩，其效应量为0.65（Hill & Tyson，1994）。帕特尔（Patall）及其同事发现家长参与子女的家庭作业与学业成绩关系的效应量很小且不显著（Patall，Cooper，& Robinson，2008）。范息涛的研究结果表明，家长在家监督子女（规定看电视时间、督促完成家庭作业等）与子女的学业成绩之间相关很小，效应量为0.09（Fan & Chen，2001）。这些不一致的研究结果说明，家长参与跟子女学业成绩之间的关系与家长参与的具体行为有关。但鉴于家长参与子女教育的不同行为之间是相互联系、相互影响的，单独看其中一个或多个变量之间的关系可能会导致高估或低估家长参与行为与学业成绩的关系。

家长参与反映家长的教育理念、期望及家长自身的价值观等，并构造了子女在家的学习环境。达林（Darling）和斯腾伯格（Steinberg）指出，家庭是子女的养育环境，只有在相似的养育环境中讨论家长行为对子女的影响问题，才能反映出家长行为对子女影响的真实性（Darling & Steinberg，1993）。故研究家长参与对子女学业成绩的影响应基于相似的家长参与环境，才能反映出家长参与对子女学习的真实影响。但家长参与环境又是通过家长参与子女学习的具体行为反映出来，所以为了回答这一问题，本研究首先对家长参与子女学习的行为进行分类；其次，研究家长参与类型在影响家长参与的因素上是否存在差异；第三，分析学生学习结果在不同家长参与类型之间的差异。

第二节　研究方法

一、样本及施测程序

由于地区的教育、经济发展水平，以及学校、子女的学习情况等均会对家长参与子女学习的意愿与行为产生一定的影响，为获得具有代表性的样本，本研究参照美国幼儿追踪数据——幼儿园队列（1998—1999）所采用的多阶段抽样方法，通过三阶段随机整群抽样的方法，对中国中部某省会城市的所有初中一、二年级（7 年级、8 年级）的学生进行抽样。第一阶段根据该市 17 区的经济、教育发展水平及人口数量为指标，采用聚类分析得到 4 个类别，从每个类别中随机抽取一个区。第二阶段是对入样区的所有学校进行抽样，根据学校所在的位置、学校性质、学校类型及经费等级 4 个方面进行分类并随机抽样。第三阶段是对入样学校的班级进行抽样。入样班级的学生、学生对应的家长、班级对应的教师、学校对应的校长都填写了相应的问卷。同一学校的学生在同一天内进行施测；所有学生在同一周内完成问卷调查。有机房的学校，学生填写网上问卷；没有机房的学校，学生填写纸质问卷。家长问卷由学生带纸质问卷回家给家长填写后，由学生交回学校。然后对学生、家长、教师和学校的数据进行匹配。最后得到53所学校12 575名学生及对应的家长数据：其中，男生占53.1%，女生占46.9%；7年级学生占51.7%，平均年龄为12.96岁，标准差为0.894岁；8年级学生占48.3%，平均年龄为13.91岁，标准差为0.731岁。

二、测量工具

结合已发表的元分析研究中出现的家长在家参与子女学习的变量，以其作为测量家长参与类型的指标，本研究中家长在家参与子女学习的测量指标被归为5个维度：(1) 参与子女的家庭作业（如，“我帮助孩子检查家庭作业”)；(2) 亲子互动（如，“我给孩子读书或听子女读书”)；(3) 情感支持与沟通（如，“当孩子学习退步时，您是否会责打/骂孩子”)；(4) 制定规则（如，“我会给孩子规定看电视/玩游戏的时间”)；(5) 处理冲突的策略（如，“发生冲突时，1=会把孩子批评一顿，强制孩子服从我的意见；2=通常会和孩子讲道理，劝说孩子听从我的意见；3=通常会和孩子交流讨论，达成一致意见；4=通常会完全听孩子的”)。值得注意的是，我们没有把教育期望包含进来，因为教育期望本身是通过家长与子女的行为和情感交流所反映出来的变量。

家庭社会经济地位用父母亲最高受教育程度及家庭年收入表征。父母亲的受教育程度采用7点量表进行自我报告（1表示未受过学校教育，7表示研究生)；家庭收入则采用9点量表测量（1表示“1万及以下”，9表示“50万以上”)。

儿童学业成绩由语文、数学、外语、政治、历史、地理、生物及物理的期中考试成绩来表征。所有成绩进行班级内标准化，以排除教师、学校及区域的影响。

三、统计分析策略

家长在家参与子女学习反映了学生在家的一种学习环境，不同的家庭有不同的学习环境。本研究根据家长参与子女学习的行为指标对家长进行分类。分析方法方面，本研究采用的是潜在类别模型。潜在类别分析是指根据一系列的观察变量将样本分为不同的子群（sub-population）（Goodman，1974），这是一种以人为中心（person-center）的统计分析方法。缺失数据处理方面，本研究采用极大似然估计法（Graham，2009），用 Mplus（Muthen & Muthen，1998—2012）运行包含一个类别至包含五个类别的五个模型，并使用 AIC、BIC 及熵（Entropy）对这 5 个模型进行比较，以确定最优分类模型。最后，我们采用多变量方差分析比较各类别之间基于家庭社会经济地位及儿童成绩及学习情感的差异。

第三节　结果与分析

处理冲突策略、制定规则、家庭作业支持、情感支持与沟通及亲子互动的均值、标准差及相关系数见表 5.1。

表 5.1　家长在家参与子女学习的 5 个维度的描述性统计

	处理冲突的策略	制定规则	家庭作业支持	情感支持与沟通	亲子互动
处理冲突的策略	1				
制定规则	0.199**	1			
家庭作业支持	0.140**	−0.104**	1		
情感支持与沟通	0.276**	0.703**	0.275**	1	
亲子互动	0.221**	0.023*	0.444**	0.305**	1
均值	2.48	2.94	2.40	2.69	2.19
标准差	0.68	0.86	0.59	0.64	0.57

注：* $p<0.05$，** $p<0.01$

一、分类结果

我们比较了五个潜变量模型（包含一个类别的模型至包含 5 个类别的模型）的 AIC、BIC 及熵。在这五个模型中，包含 4 个类别模型（4 -类别模型）的 AIC=385 619 及 BIC=386 371 最低。然而，4 -类别模型的熵最大（Entropy=0.76），这表示4-类别模型的模型归类最好。在比较5个模型的指标差异时，4-类别模型的指标差异最明显，分布趋势也最清晰（如图5.1所示）。多变量方差分析（MANOVA）结果显示，家长参与方式的5个维度在4种家长参与类别上存在显著性差异（$F=1\,136.38$，$df=15$，$p<0.001$，partial $\eta^2=0.52$）。

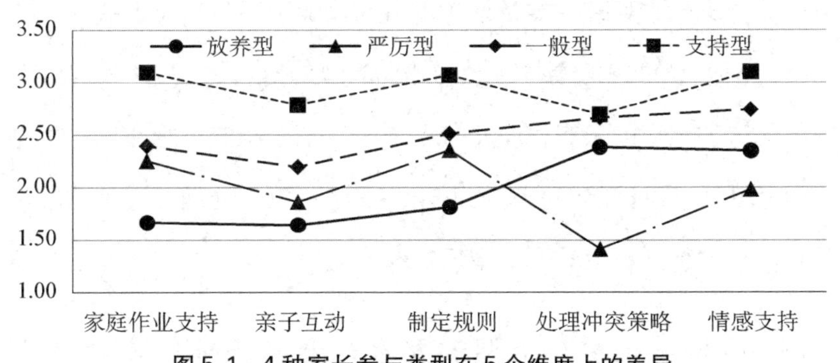

图5.1 4种家长参与类型在5个维度上的差异

二、四种家长参与类型的特征

第一种类型占总样本量的20%，称之为“支持型”家长参与。这一类型的家长对子女学习的参与度最高，包括给子女检查作业、监督子女完成作业及给子女额外布置作业；与子女互动为频繁，包括跟子女一起看电视和讨论电视，讨论子女学习上碰到的问题；给子女制定清晰的规则，包括规定看电视和玩游戏的时间等；用民主的方式处理与子女冲突，包括通常采用沟通的方式，最终达到一致的意见。此外，他们对子女的情感支持也最高，包括耐心的辅导子女的作业，碰到问题耐心跟子女沟通。

第二种类型的家长参与占总样本量的54%，称之为“一般型”家长参与。这种类型家长的参与度与支持型家长的参与度一致，但在各个维度上的参与度较支持型家长低。

第三种类型的家长参与占总样本量的7%，称之为“严厉型”家长参与。这种类型的家长对子女学习的参与较少。在家庭作业支持、亲子互动及制定规则3个维度上与支持型和一般型家长的参与度一致但较低。严厉型家长在处理冲突及情感支持与沟通上平均得分最低。

第四种类型的家长参与占总样本量的18%，称之为“放养型”家长参与。这种类型的家庭作业支持、亲子互动、制定规则在四种类型中的平均分最低，总体趋势与支持型及一般型一致。处理冲突策略较严厉型缓和，在情感支持上较严厉型家长参与高。

三、四种家长参与类型的家庭社会经济地位及学习结果的差异

（一）家庭社会经济地位在四种家长参与类型上的差异

我们首先分析了四种参与类型在双亲家庭、单亲家庭、独生子及非独生子家庭上分布的差异。从分布上看见图5.2，支持型家长参与模式在独生子女家庭中比例最高，将近30%；在双亲家庭中（20.8%）次之；在单亲家庭和非独生子女家庭中比率最少，分别为16.7%和16.3%。在一般型中，单亲家庭比率最小，约占49.3%。在严厉型中，独生子女家庭所占比例最少，约占6.4%。在放养型中，单亲家庭所占比率最高，为26.1%；非独生子女家庭次之，约为21.5%；双亲家庭比率为17.0%，独生子女家庭（9%）最少。

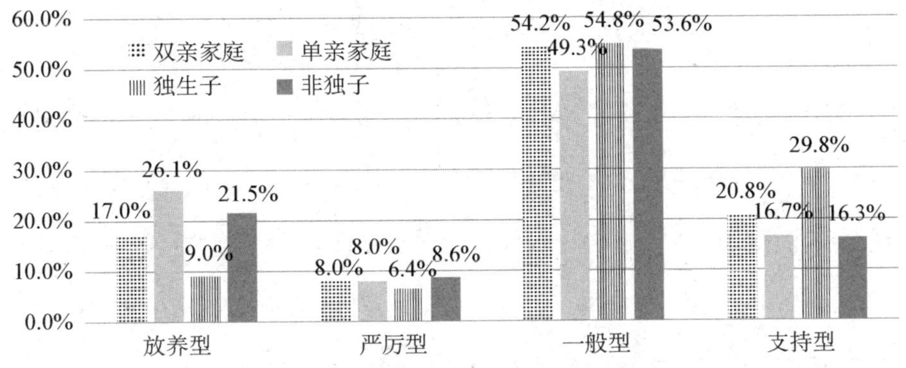

图 5.2　家庭类型在家长参与类型上的差异

MANOVA 分析显示，家长家庭经济地位在四种类型上存在显著性差异（$F=191.4$，$df=6$，$p<0.001$，$\eta^2=0.45$）。事后分析结果显示，受教育程度及家庭收入在家长参与类型的两两比较上均存在显著性差异。其中，家庭收入在放养型家长和严厉型家长之间在 0.05 水平上存在显著性差异（$p=0.043$），其他类型的两两间差异均在 0.001 水平上显著（$ps<0.001$）。受教育程度和家庭收入由高至低依次为：支持型>一般型>严厉型>放养型，如图 5.3 所示。

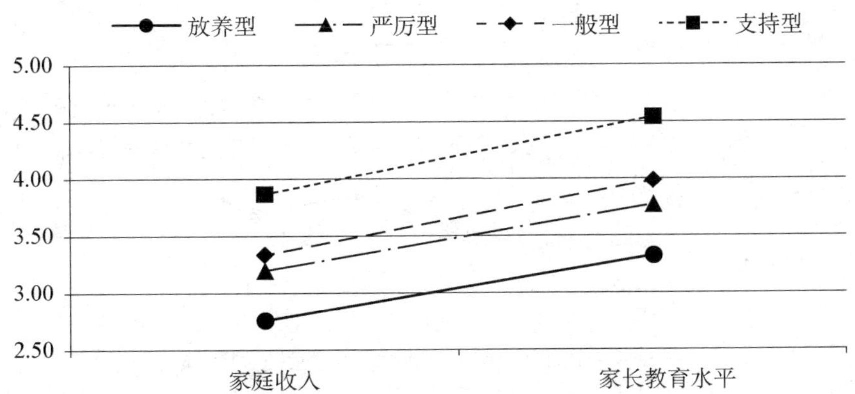

图 5.3　家长受教育程度及家庭收入在四种家长参与类型上的差异

（二）学习结果在四种家长参与类型上的差异

本研究进一步分析了四种家长参与类型在子女各科成绩上的差异。MANOVA 分析结果表明，学生在语文、数学、外语、政治、历史、地理、生物及物理在四种家长参与类型上存在显著性差异（$F=3.16$，$df=24$，$p<0.001$，partial $\eta^2=0.006$）。事后分析结果显示，所有学科在两两家长参与类型之间的成绩差异显著（$ps<0.01$）。成绩顺序一致且依次为支持型＞一般型＞放养型＞严厉型，如图 5.3 所示。在控制了家庭社会经济地位之后，多元协变量方差分析（Multivariate Analysis of Covariance）结果显示，学习结果在四种参与类型上仍然存在显著的差异，$F=2.81$，$df=24$，$p<0.001$，Partial $\eta^2=0.009$，事后分析结果显示，学业成绩在两两家长参与类型之间的差异依然显著（$ps<0.05$），且顺序一致（见图 5.4）。

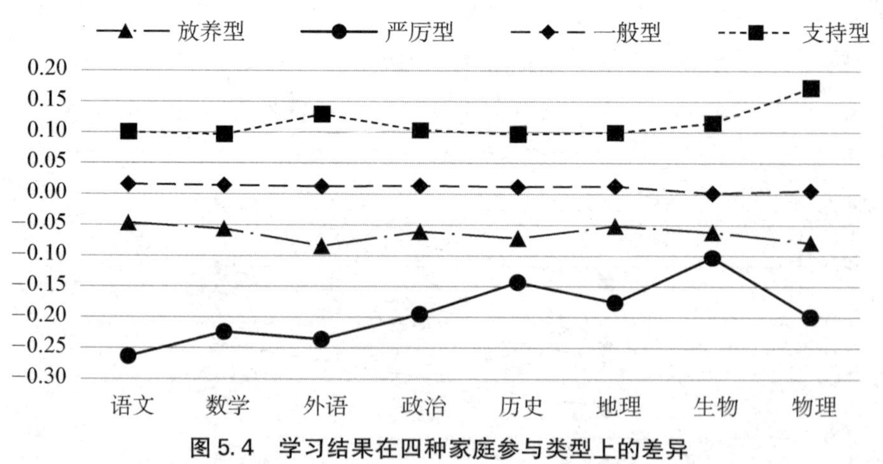

图 5.4　学习结果在四种家庭参与类型上的差异

第四节　讨论与建议

本研究使用潜在类别分析，以在家参与子女学习的具体行为作为家长参与类型的测量指标，对家长参与行为进行分类，并比较家长参与类型在家庭社会经济地位和学业成绩之间的差异。研究结果表明，家长参与类型可分为四类，根据其特征分别命名为：支持型、一般型、严厉型及放养型。四种家长参与类型在家庭社会经济地位上存在显著性差异，由高至低依次为：支持型＞一般型＞严厉型＞放养型。儿童的学业成绩在四种家庭参与类型上亦存在显著性差异，且在各科上具有一致性，由高至低依次为：支持型＞一般型＞放养型＞严厉型。

一、支持型家长参与的特征及与学生学习成绩的关系

支持型家长参与对子女的家庭作业支持最高、重视亲子互动、给子女明确的规则、处理与子女的冲突采用协商的策略，及提供最高的情感支持。支持型家长的这些特征表明家长对子女学习非常重视。比如，在家庭作业支持上，这类父母不仅会检查子女家庭作业、辅导，还会额外布置家庭作业等。

事实上，这类参与行为需要家长具有一定的能力、时间和精力。对家庭社会经济地位的特征分析恰好印证了这一点。支持型家长的平均受教育程度最高，说明家长有足够的能力可以辅导子女的家庭作业。其次，支持型家长重视亲子互动，比如陪子女看电视和讨论电视等。此类行为需要家长有足够的时间和精力（Hoover-Dempsey & Sandler，1995）。在对家庭收入的分析中，支持型家长的平均收入最高。在经济上比其他三种类型的家长较为宽松。家长受教育程度和家庭收入的证据表明，支持型家长具有较多的资源可以参与到子女的学习中去。这与迈尔（Mayer）提出的父母投资模型是一致的：家庭收入与父母教育和职业共同影响了父母对子女教育的投资。具有较高受教育程度的父母会将资源配置于“子女教育”这一他们认为重要的家庭目标上，同时较高的家庭收入又会使父母较为便利地提供子女智力活动，较少受到限制。

支持型家长的子女平均学业成绩最高。学生的学业成绩在四种家长参与类型上存在显著性差异，且该结果在各科中具有一致性。在控制了家庭社会经济地位后，学生的学业成绩在四种家长参与类型上仍然存在显著性差异。该结果说明，当家长在各个方面对子女的学习表现出支持时，子女的学业成绩会得到促进。

二、一般型家长参与的特征及与子女学习结果的关系

一般型家长对子女的家庭作业有一定的参与，也有亲子互动，并会给子女制定明确的规则及情感支持。一般型与支持型家长参与类型表现

出相似的规律，但在参与度上较支持型弱。这类家长的受教育程度及家庭收入中等，比支持型家长参与的受教育程度低，但比其他两个类型的家长要高，同样也验证了迈尔的投资理论（Mayer，1997）。该类家庭子女的成绩也相应地比支持型低，但比其他两类高。结合支持型的结果说明，家长参与的程度越高，学生的学业成绩也越高。

三、严厉型家长参与的特征与子女学习结果的关系

严厉型家长的典型特征是情感支持非常低，冷暴力现象突出，家长比较专制。比如，当子女学习退步时，家长会故意冷淡或责打/骂；当子女和家长出现意见不一致时，家长会强制子女服从家长的意见。这类家长的特征跟家长养育类型中的专断型特点很接近。根据鲍姆林德（Baumrind）的研究，专断型的父母常以冷漠、忽视的态度对待儿童，对儿童违反规则的行为表示愤怒，甚至采用严厉的惩罚措施（Baumrind，1966）。这种方式养育出的孩子常常表现出焦虑、退缩和其他问题行为。这类家长的平均受教育程度比放养型家长高，家庭经济收入也比较高，但从儿童的成绩及学习情感来看，这类家长的子女在学校的适应力最低。该结果很可能说明，这类家长对应的子女其学习动机和学习兴趣较低，未来的研究可以进一步检验这个结论。

四、放养型家长参与的特征与子女学习结果的关系

放养型家长的平均受教育程度最低，家庭收入也最低。家长对子女

家庭作业的参与最低，缺少亲子互动，也不会给子女制定规则，在与子女发生意见冲突时，倾向于听子女的意见，在对子女学习情感支持上较支持型和一般型家长低，但高于严厉型家长。家长的受教育程度说明放养型家长在辅导子女的功课上是心有余而力不足。他们的平均收入最低，说明这一类型的家长平时可能花很多的时间去赚钱养家，因而没有时间与子女互动，也不会给子女制定规则。在与子女发生意见冲突时，倾向于听子女的建议，很有可能是因为他们并不清楚什么是对子女更好的策略，而更倾向于相信和听从子女的决策。拉鲁（Lareau）应用“贫困文化理论”从根本上解释了这类父母的参与行为。贫困文化理论强调不同社会阶层对教育持有不同的价值观（Lareau，1987）。相对于家庭社会经济地位高的父母，家庭社会经济地位低的父母很少重视学校教育，并且把他们的作用和学校教师的作用相分离。放养型家长将子女的教育责任寄托于学校教师，在放弃自己所应承担的教育责任时，也降低了自己的子女的学术成就。

对比放养型家长与严厉型家长，放养型家长的平均学历和收入水平较严厉型家长低。放养型家长在子女的家庭作业参与、亲子互动及制定规则比严厉型低，但在处理冲突策略及情感支持与沟通上较严厉型家长高；然而，子女的学业成绩较严厉型家长参与高。该研究结果说明，家长对子女的情感投入比子女的学习参与更重要。即使家长对子女的投入少，仍然可以通过对子女的学习情感支持来增加子女的学业成绩，从而增加其在校适应能力。

总体而言，家长参与的程度和质量受到家庭所处社会阶层的影响（Lareau，2003）。家长的受教育程度是家长参与的重要预测变量

(Keith, Keith, Quirk, Cohen-Rosenthal, & FranzeseK, 1996; Keith, Keith, Quirk, Sperdut, Santillo, & Killings, 1998; Shumow & Miller, 2001)。研究表明受教育程度高的家长的教育策略更加灵活，亲子交流的内容更加丰富，回应更加一致，对子女的期望更高，也更愿意花精力去引导子女对话、发展子女的兴趣、监督子女的家庭作业，对子女的学业成绩有较高的期望（Gill & Reynolds, 1996; Ho & Willms, 1996; Lee & Bowen, 2006; Singh, Bickley, Trivette, & Keith, 1995）。受教育程度高的家长更愿意去了解子女的需求，强调子女的家庭技能培训（Brooks-Gunn, Klebanov, & Liaw, 1995; DeGarmo, Forgatch, & Martinez, 1999; Duncan & Brooks-Gunn, 2000）。家长参与子女学习的程度越深、质量越高，学生的成绩越好（Sénéchal & Young, 2008）。

五、教育建议

本研究得到两个主要结论：（1）家长参与子女学习的程度越深，儿童的学业成绩越高；（2）处理亲子间的冲突及情感支持比对子女学习本身的参与（作业支持、亲子在学习上的互动）更重要。由于学生学习结果的差异是教育长期累积的结果，家长参与已然在子女教育的各个阶段发挥作用。同时由于家长养育方式的相对稳定性，在养育子女过程中，父母参与子女教育的类型相对固定，因而本研究不仅对义务教育阶段的家长，而且对学龄前家长的教育方式亦具有启示意义。基于上述研究结论，本研究针对家长提出如下家庭教育建议：

第一，注重为子女提供学习支持。正如本研究的结果显示，支持型家庭的子女的学术成就优于其他类型家庭的子女。这意味着，家长要尽力为子女的成长提供支持，比如监督子女完成家庭作业，以培养子女形成良好的学习习惯。同时，这启发家长正确理解当前“零起点”的教育政策①。“零起点”并不意味着家长可以放任子女的成长，事实上，“零起点”所强调的是对学龄前儿童学习基础素养的培育，比单纯地补习小学知识要求更高。在学前阶段，家长尤其要重视子女学习兴趣和学习习惯的培养，为子女适应学校生活做好准备，而不能以“零起点”为借口放弃自己应有的责任。

第二，注重高质量的亲子互动。在亲子教育理念的指导和相关舆论引领下，越来越多的父母意识到陪伴子女的重要性，并身体力行地予以实践。但现实中仍大量存在虽有陪伴但缺乏高质量亲子互动的现象。研究表明，讨论电视节目比只是陪子女看电视更能促进子女的语言发展（佐藤学，2003）；听子女阅读比给子女阅读更能促进孩子的阅读成绩（Sénéchal & Young，2008）。换句话说，亲子互动的程度越深越能提高孩子的学业成绩。因而，家长在参与子女的学校教育时，要注重高质量的亲子互动，而不仅仅是简单的陪伴。

第三，注重创设民主协商的家庭氛围。与行为支持相比，情感支持更加重要。情感严厉、挑剔或忽视子女的情绪，有很大可能会影响子女的功课、健康及行为问题（比如，与朋友打架等）（Gottman，2011）。因此，在子女遇到学习问题或挫折时，采用倾听、引导式的对话比采用

① “零起点”政策是指上海市推出的《关于小学阶段实施基于课程标准的教学与评价工作的意见》（沪教委基〔2013〕59号），旨在纠正儿童超前学习的社会风气，尊重儿童成长规律，回归教育本源。详见 http://dwz.cn/p4YYRyrD。

批评、责打/骂的策略更为有效。这意味着家长要注重创设民主协商的家庭氛围。当亲子之间的意见不一致时，可通过讨论或协商，听取子女的意见，并讨论其可行性，以建立子女的自信心并肯定其自身的价值。

总之，在家庭条件许可（如家长胜任辅导子女学习）的情况下，家长对子女的学习支持及情感支持越高，对学生的学习发展越有利。即使家庭条件不支持，也可以在处理亲子冲突时，从小培养民主协商的氛围和给予子女学习更多的情感支持，从而帮助子女增进对学习信心和适应性。

第六章

结　语

家庭社会经济地位对学生学业的发展起着非常重要的作用，尤其是在幼儿园及小学阶段。家庭社会经济地位对学生学业发展的影响从幼儿园至三年级逐渐增大，但从五年级开始，这个影响有所下降。同伴社会经济地位对学生的学业发展具有促进作用，且对家庭社会经济地位具有补偿作用。能力分组对学生在幼儿园的学习不利，但对学生在一年级及之后的阅读成绩具有促进作用。能力分组对学生在不同学科的影响是不一样的。能力分组对家庭社会经济地位也具有补偿作用。虽然本研究的研究结果显示同伴社会经济地位及能力分组对学生家庭社会经济地位具有一定的补偿作用，然而，这并不是鼓励学生一定要通过结交家庭社会经济地位高的同伴，或鼓励学校通过能力分组对学生家庭社会经济地位进行弥补。事实上，第一至第四章的研究只聚焦在三个主要变量——家庭社会经济地位、同伴社会经济地位及能力分组，这些变量只是影响学生学业发展的其中几个重要变量。但影响学生学业成绩发展的因素还有很多，如亲子对话的质量、家长对子女的期望、亲子的情感互动、家长对子女家庭作业的参与等，正如第五章所述。此外，来自社区的资源、来自学校的资源以及来自社交网络的资源等在学生的成长过程中也扮演着重要的角色。因而，未来的研究需要聚焦在家庭社会经济地位影响学生学业成绩的机制上，如亲子互动方式，进而探讨其他可以帮助学生提高学业表现的途径。

最新的一项研究表明，亲子间对话互动比家庭社会经济地位对学生的词汇量、语法及语言逻辑的影响更大（Romeo，Leonard，Robinson，West，Mackey，Rowe，& Gabrieli，2018）。研究者选取了 36 名来自不同家庭社会经济地位的孩子（其中有 22 个男孩），年龄在 4 岁 6 个月到 6 岁 10

个月，平均年龄为5.8岁，标准差为0.63岁。功能性核磁共振（Functional MRIs）检查结果显示，父母与子女采用对话互动（Conversational Turn-taking-like Exchanges），比采用对子女说话的方式，前者子女脑部处理语言的区域更活跃。也就是说，比起采用对子女说话的方式，父母与子女之间采用对话互动方式的家庭，其子女的词汇量、语法以及语言逻辑的发展更好。在控制了社会经济地位或家长的教育水平之后，这种影响依然显著。可见，父母与子女间的对话互动对学生学业成绩的影响，超过家庭社会经济地位及听到的单词数量和质量对学生学业成绩的影响。这个研究结果说明，父母对子女成绩的影响并非单一地由家庭社会经济地位所决定。该研究也表明，可以对父母进行亲子对话的训练，以增加亲子间对话的互动轮数，从而帮助子女提高学业成绩。

未来还可以进一步研究影响学生学业成绩的因素，并找到确实可行的方法去帮助学生。比如，香港中文大学侯杰泰教授的研究发现，在控制了家庭社会经济地位之后，吃早餐对学生的学业成绩有重大的影响。[①] 与同龄学生比较，吃早餐的学生在全港性系统评估（TSA）中的成绩提升了30—50分（学生平均考分为500），从统计学上来说，相当于多读了1.5年书的效果。这个结果说明，我们可以通过研究提出一些可行的措施，如为贫困学生提供免费早餐，来帮助低家庭社会经济地位的学生提高学业成绩，以减少家庭社会经济地位所带来的教育不平等现象。

此外，学生的学业发展并不是学生成长过程中唯一的目标，学生的心理健康、社会情感的发展、学业情感的发展也是研究者需要关注的方

① 全文详见：https：//0x9. me/Z3Qmh.

面。使用第五章的中国学生样本作为研究对象，将中国家长参与子女学习行为看作一个整体环境并进行分类，我们可以看到，在严厉型家长和放养型家长中，家长对子女的情感支持及冲突处理策略比家庭社会经济地位对学业成绩的影响更重要（见图 5.1、图 5.2）。该结果说明，对学生而言，情感支持及冲突处理策略比作业辅导、物质投入等更重要，而情感支持受父母的教育水平、收入等变量的影响较小。

同样地，使用第五章的数据及家长参与行为的分类方法，我们发现，不同家长参与类型的子女在学习兴趣上也存在差异（见图 6.1）。其中支持型家长的子女学习兴趣最高，一般型家长的子女学习兴趣次之，放养型和严厉型家长的子女的学习兴趣最低，且不存在显著性差异。参考第五章家庭社会经济地位与家长参与类型的关系（见图 5.3），这个结果说明，子女在学习兴趣上的差异并不由家庭社会经济地位所决定。比较严厉型家长和放养型家长，其差异在于家长的情感支持及冲突处理策略。可见，家长对子女的情感支持及冲突处理策略比家庭社会经济地位对学生学习兴趣的影响更大。

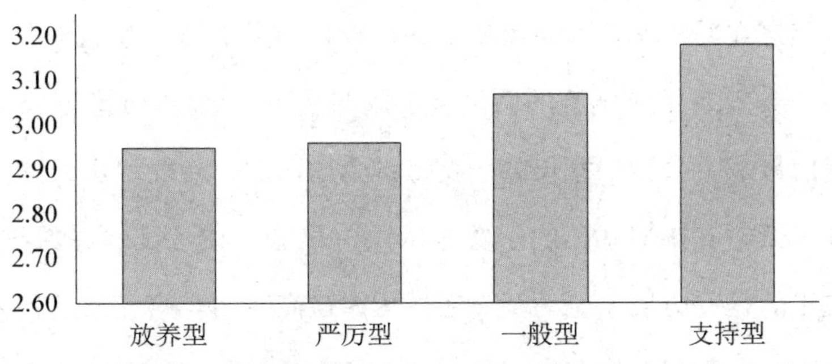

图 6.1　学习兴趣在四种家长参与类型上的差异

四种家长参与类型的子女在人际关系上也存在显著性差异。通过对同伴关系及师生关系在四种家长参与类型上的比较，结果表明，同伴关系及师生关系在支持型上分数最高，一般型次之，严厉型和放养型最低，且不存在显著性差异（见图 6.2）。结合第五章图 5.1 所示结果，我们不难发现，对学生人际关系而言，家长对子女的情感支持及冲突处理策略比家庭社会经济地位的影响更大。

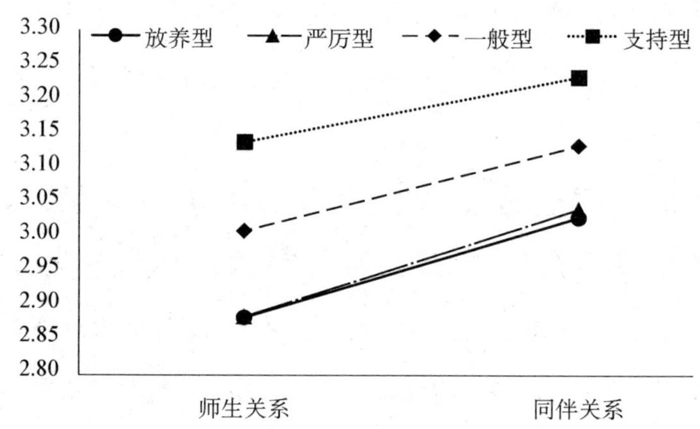

图 6.2　师生关系及同伴关系在四种家长参与类型上的差异

四种家长参与类型的子女在考试焦虑上的差异更为突出。通过对学生考试焦虑在四种家长参与类型上的比较，结果表明，考试焦虑在四种家长参与类型上存在显著的两两差异（见图 6.3）。严厉型家长的子女考试焦虑最高，放养型家长的子女考试焦虑次之，一般型家长的子女考试焦虑较低，支持型家长的子女考试焦虑最低。在考试焦虑的维度上，非常突出的是严厉型家长的子女考试焦虑最高。结合第五章四种家长参与类型在 5 个维度上的差异（见图 5.1）及四种类型在家庭社会经济地位上的差异（见图 5.2），严厉型家长的情感支持及冲突处理策略最低。

由此说明，家长对子女的情感支持及冲突处理策略比家庭社会经济地位更能影响子女的考试焦虑。

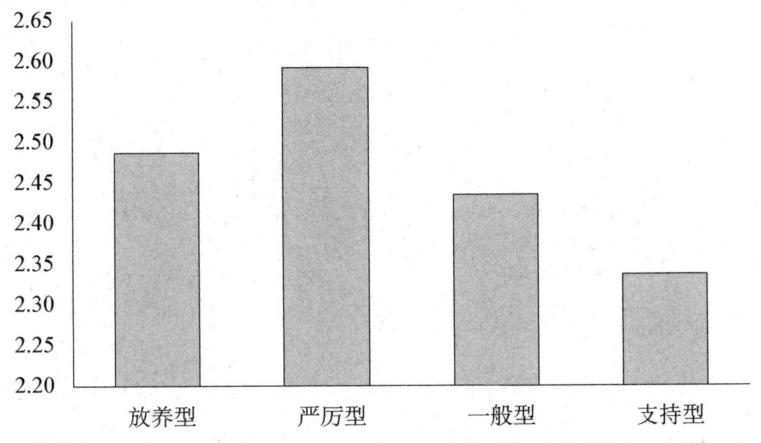

图 6.3　考试焦虑在四种家长参与类型上的差异

学生的学习兴趣、师生关系、同伴关系及考试焦虑在四种家长参与类型上的差异表明，家庭社会经济地位并非是决定学生在这些方面上的差异的唯一因素。通过简单比较即可发现，家长对子女的情感支持及冲突处理策略对学生来说更为重要。学生的学习兴趣、考试焦虑与学生学业成绩有关，师生关系、同伴关系与学生情感的健康发展有关。虽然目前的研究只是简单地考察这些维度在四个家长参与类型上的差异，但这些简单的差异可以反映出家庭社会经济地位并非学生成长的决定性因素。未来的研究可以聚焦于探索影响学生学业、学习情感、社会情感等发展的因素，为真正促进学生的全面发展，进一步提高教育公平提供理论支持及实证证据。

参考文献

Adey, P. , & Shayer, M. (1994). *Really raising standards: Cognitive intervention and academic achievement*. London, New York, Canada: Routledge.

Adler, N. E. , Boyce, W. T. , Chesney, M. A. , Folkman, S. , & Syme, S. L. (1993). Socioeconomic inequalities in health: No easy solution. *Jama*, *269*(24), 3140 - 3145.

Aiken, L. S. , & West, S. G. (1991). *Multiple regression: Testing and interpreting interactions*. London: Sage Publications Inc.

Allison, P. D. (2003). Missing data techniques for structural equation modeling. *Journal of Abnormal Psychology*, *112*(4), 545 - 557.

Alwin, D. F. , & Thornton, A. (1984). Family origins and the schooling process: early versus late influence of parental characteristics. *American Sociological Association*, *49* (*6*), 784 - 802.

Arcidiacono, P. , & Nicholson, S. (2005). Peer effects in medical school. *Journal of Public Economics*, *89*(2 - 3), 327 - 350.

Argys, L. M. , & Rees, D. I. (2008). Searching for peer group effects: A test of the contagion hypothesis. *The Review of Economics and*

Statistics, *90*(3), 442 - 458.

Arnold, D. H., & Doctoroff, G. L. (2003). The early education of socioeconomically disadvantaged children. *Psychology*, *54*(1), 517 - 545.

Bales, R. F. (2001). *Social interaction systems: Theory and measurement*. New Brunswick, NJ: Transaction Publishers.

Lunn, J. C. B. (1970). *Streaming in the primary school: a longitudinal study of children in streamed non-streamed Junior schools*. Slough: NFER.

Baumrind, D. (1966). Effects of authoritative parental control on child behavior. *Child development*, *37*(4), 887 - 907.

Bennett, N., Desforges, C., Cockburn, A., & Wilkinson, B. (1984). *The quality of pupil learning experiences*. London: Erlbaum.

Berends, M. (1995). Educational stratification and students' social bonding to school. *British Journal of Sociology of Education*, *16* (3), 327 - 351.

Berndt, T. J., Laychak, A. E., & Park, K. (1990). Friends' influence on adolescents' academic achievement motivation: An experimental study. *Journal of Educational Psychology*, *82*(4), 664 - 670.

Blau, P. M. & Duncan, O. D. (1967). *The American occupational structure*. New York: Wiley and Sons.

Bollen, K. A., Glanville, J. L., & Stecklov, G. (2001). Socioeconomic status and class in studies of fertility and health in developing countries. *Annual Review of Sociology*, *27*, 153 - 185.

Boocock, S. S. (1973). The school as a social environment for learning: Social organization and micro-social process in education. *Sociology of Education*, *46*(1), 15 - 50.

Bornstein, M. H. (1995). Parenting infants. In M. H. Bornstein (Ed.), *Handbook of parenting* (Vol. 1, pp. 3 - 39). Mahwah, N. J.: Lawrence Erlbaum Associates.

Bornstein, M. H., Hahn, C. S., Suwalsky, J. T. D., & Haynes, O. M. (2003). Socioeconomic Status, Parenting, and Child Development: The Hollingshead Four-Factor Index of Social Status and the Socioeconomic Index of Occupations. In M. H. Bornstein & R. H. Bradley (Eds.), *Socioeconomic status, paren-ting, and child development* (pp. 29 - 82). Mahwah, NJ: Erlbaum.

Bradley, R. H. (1995). Environment and parenting. In M. H. Bornstein (Ed.), *Handbook of parenting* (Vol. 2, pp. 235 - 261). Hillsdale, NJ, England: Lawrence Erlbaum Associates.

Bradley, R. H., & Corwyn, R. F. (2002). Socioeconomic status and child development. *Annual Review of Psychology*, *53*, 371 - 399.

Brooks-Gunn, J., Duncan, G. J., & Aber, J. L. (1997). *Neighborhood poverty: Context and consequences for children*. New York: Russell Sage Foundation Publications.

Brooks-Gunn, J., Duncan, G. J., Klebanov, P. K., & Sealand, N. (1993). Do neighborhoods influence child and adolescent development? *The American Journal of Sociology*, *99*(2), 353 - 395.

Brooks-Gunn, J., Klebanov, P. K., & Liaw, F. R. (1995). The learning, physical, and emotional environment of the home in the context of poverty: The infant health and development program. *Children and Youth Services Review*, *17*(1-2), 251-276.

Brown, B. B., Clasen, D. R., & Eicher, S. A. (1986). Perceptions of peer pressure, peer conformity dispositions, and self-reported behavior among adolescents. *Developmental Psychology*, *22*(4), 521-530.

Bryant, D. M., Lau, L. B., Burchinal, M., & Sparling, J. J. (1994). Family and classroom correlates of Head Start children's developmental outcomes. *Early Childhood Research Quarterly*, *9*(3-4), 289-309.

Bus, A. G., Van Ijzendoorn, M. H., & Pellegrini, A. D. (1995). Joint book reading makes for success in learning to read: A meta-analysis on intergenerational transmission of literacy. *Review of Educational Research*, *65*(1), 1-21.

Buchmann, C. (2002). Measuring Family Background in International Studies of Education: Conceptual Issues and Methodological Challenges. In A. C. Porter & A. Gamoran (ed.). *Methodological Advances in Large-Scale Cross-National Education Surveys*, 148-196. Washington, DC: National Academy of Sciences.

Buttaro, J. A., Catsambis, S., Mulkey, L., & Steelman, L. (2010). An organizational perspective on the origins of instructional segregation:

School composition and use of within-class ability grouping in American kindergartens. *The Teachers College Record*, *112*(5), 1300 – 1337.

Caldas, S. J., & Bankston III, C. (1997). Effect of school population socioeconomic status on individual academic achievement. *Journal of Educational Research*, *90*(5), 269 – 277.

Castle, S., Deniz, C. B., & Tortora, M. (2005). Flexible grouping and student learning in a high-needs school. *Education and Urban Society*, *37*(2), 139 – 150.

Castro, M., Expósito-Casas, E., López-Martín, E., Lizasoain, L., Navarro-Asencio, E., & Gaviria, J. L. (2015). Parental involvement on student academic achievement: A meta-analysis. *Educational Research Review*, *14*, 33 – 46.

Cheung, C. K., & Rudowicz, E. (2003). Academic outcomes of ability grouping among junior high school students in Hong Kong. *The Journal of Educational Research*, *96*(4), 241 – 254.

Chiu, M. M. (2010). Effects of inequality, family and school on mathematics achievement: Country and student differences. *Social Forces*, *88*(4), 1645 – 1676.

Chiu, M. M., & McBride-Chang, C. (2006). Gender, context, and reading: A comparison of students in 43 countries. *Scientific Studies of Reading*, *10*(4), 331 – 362.

Chiu, M. M., & Zeng, X. H. (2008). Family and motivation effects on mathematics achievement: Analyses of students in 41 countries.

Learning and Instruction, *18*(4), 321 - 336.

Chorzempa, B. F., & Graham, S. (2006). Primary-grade teachers' use of within-class ability grouping in reading. *Journal of Educational Psychology*, *98*(3), 529 - 541.

Clogg, C. C., Petkova, E., & Haritou, A. (1995). Statistical methods for comparing regression coefficients between models. *American journal of sociology*, *100*(5), 1261 - 1293.

Cochran, M. M., & Brassard, J. A. (1979). Child development and personal social networks. *Child Development*, *50*, 601 - 616.

Cochran, M., & Niego, S. (2002). Parenting and social networks. In M. H. Bornstein (Ed.), *Handbook of parenting* (Vol. 4, pp. 123 - 148). Mahwah, NJ, US: Lawrence Erlbaum Associates Publishers.

Cohen, E. G. (1994). Restructuring the classroom: Conditions for productive small groups. *Review of Educational Research*, *64*(1), 1 - 35.

Cohen, J. (1988). *Statistical power analysis for the behavioral sciences*. Hillsdale: Erlbaum Associates.

Coleman, J. S., Campbell, E. Q., Hobson, C. J., McPartland, J., Mood, A. M., Weinfeld, F. D., et al. (1966). *Equality of educational opportunity*. Washington, DC: U. S. Department of Health, Education and Welfare.

Coleman, J. S. (1988). Social capital in the creation of human capital. *American journal of sociology*, S95 - S120.

Conger, K. J., Conger, R. D., & Scaramella, L. V. (1997). Parents, siblings, psychological control, and adolescent adjustment. *Journal of Adolescent Research*, *12*(1), 113 - 138.

Conger, R. D., & Donnellan, M. B. (2007). An interactionist perspective on the socioeconomic context of human development. *Annual Review of Psychology*, *58*, 175 - 199.

Conger, R. D., Ge, X., Elder, G. H. J., Lorenz, F. O., & Simons, R. L. (1994). Economic stress, coercive family process, and developmental problems of adolescents. *Child Development*, *65*(2), 541 - 561.

Crompton, R. (1993). *Class and stratification*. Cambridge: Polity.

Currie, C. E., Elton, R. A., Todd, J., & Platt, S. (1997). Indicators of socioeconomic status for adolescents: the WHO Health Behavior in School-aged Children Survey. *Health education research*. *12* (*3*), 385 - 397.

Darling, N., & Steinberg, L. (1993). Parenting style as context: An integrative model. *Psychological bulletin*, *113*(3), 487 - 496.

Dar, Y., & Resh, N. (1986). Classroom Intellectual Composition and Academic Achievement. *American Educational Research Journal*, *23* (3), 357 - 374.

DeGarmo, D. S., Forgatch, M. S., & Martinez, C. R., Jr. (1999). Parenting of divorced mothers as a link between social status and boys' academic outcomes: Unpacking the effects of socioeconomic status. *Child Development*, *70*(5), 1231 - 1245.

Devine, C. M. (1993). The relationship between stress and coping, threat appraisal and addiction. *Irish Journal of Psychology*, *14*, 608 - 608.

Downey, D. B. (1995). When bigger is not better: family size, parental resources, and children's educational performance. *American Sociological Review*, *60* (*5*), 746 - 761.

Duncan, G. J. (1988). The volatility of family income over the life course. In P. Bates, D. Featherman, & R. Lerner (Ed), Vol. 9 (pp. 317 - 358). Hillsdale, NJ: Lawrence Erlbaum Assoc.

Duncan, G. J., & Brooks-Gunn, J. (2000). Family poverty, welfare reform, and child development. *Child Development*, 71 (1), 188 - 196.

Duncan, G. J., & Brooks-Gunn, J. (1997). *Consequences of growing up poor*. Russell: Sage Foundation Publications.

Duncan, G. J., Brooks-Gunn, J., & Klebanov, P. K. (1994). Economic deprivation and early childhood development. *Child Development*, *65*(2), 296 - 318.

Duncan, G. J., & Magnuson, K. A. (2003). Off with Hollingshead: Socioeconomic resources, parenting, and child development. In M. H. Bornstein & R. H. Bradley (Eds.), *Socioeconomic status, parenting, and child development* (pp. 83 - 106). Mahwah: Erlbaum Associates.

Duncan, G. J., Yeung, W. J., Brooks-Gunn, J., & Smith, J. R. (1998). How much does childhood poverty affect the life chances of *children? American Sociological Review*, *63*(3), 406–423.

Duncan, O.D., Featherman, D.L., & Duncan, B. (1972). *Socioeconomic background and achievement*. Oxford, England: Seminar Press.

Duncan, T. E., Duncan, S. C., & Strycker, L. A. (2006). *An introduction to latent variable growth curve modeling: Concepts, issues, and applications*. Mahwah, NJ: Lawrence Erlbaum Associates.

Duru-Bellat, M., & Mingat, A. (1998). Importance of Ability Grouping in French "Colleges" and its Impact upon Pupils Academic Achievement. *Educational Research and Evaluation*, *4*(4), 348–368.

Eder, D. (1981). Ability grouping as a self-fulfilling prophecy: A micro-analysis of teacher-student interaction. *Sociology of Education*, *54*(3), 151–162.

Eder, D., & Felmlee, D. (1984). The development of attention norms in ability groups. In P. Peterson, L. Wilkinson & N. Hallinan (Eds.), *The social context of instruction* (pp. 189–208). San Diego, CA: Academic Press.

Egeland, B., & Abery, B. (1991). A longitudinal study of high-risk children: Educational outcomes. *International Journal of Disability, Development and Education*, *38*(3), 271–287.

Egeland, B., & Kreutzer, T. (1991). A longitudinal study of the effects of maternal stress and protective factors on the development of high risk children. In E. M. Cummings, A. L. Greene & K. H. Karraker (Eds.), *Life-span developmental psychology: Perspectives on stress and coping* (pp. 61 - 85). Hillsdale, N. J.: L. Erlbaum Associates.

Englund, M. M., Luckner, A. E., Whaley, G. J. L., & Egeland, B. (2004). Children's achievement in early elementary school: Longitudinal effects of parental involvement, expectations, and quality of assistance. *Journal of Educational Psychology*, *96*(4), 723 - 730.

Ensminger, M. E., & Fothergill, K. E. (2003). A decade of measuring SES: What it tells us and where to go from here. In M. H. Bornstein & R. H. Bradley (Eds.), *Socioeconomic status, parenting, and child development* (pp. 13 - 27). Mahwah, N. J.: Lawrence Erlbaum Associates.

Entwisle, D. R., & Alexander, K. L. (1990). Beginning school math competence: Minority and majority comparisons. *Child Development*, *61* (2), 454 - 471.

Entwisle, D. R., & Alexander, K. L. (1992). Summer Setback: Race, Poverty, School Composition, and Mathematics Achievement in the First Two Years of School. *American Sociological Review*, *57*(1), 72 - 84.

Entwisle, D. R., Alexander, K. L., & Olson, L. S. (1997). *Children, schools, and inequality*. Boulder, Colo.: Westview Press.

Entwisle, D. R., & Astone, N. M. (1994). Some practical guidelines for measuring youth's race-ethnicity and socioeconomic status. *Child*

Development, *65*, 1521-1540.

Esptein, J. L. (1987). Parents' reactions to teacher practices of parent involvement. *The Elementary School Journal*, *86*(2), 277-294.

Esptein, J. L., Coates, L., Salinas, K. C,, Sanders, M. G., & Simon, B. S (1997). *School, family and community partnerships: Your handbook for action*. Thousand Oaks CA: Corwin Press.

Epstein, J. L., & Sheldon, S. B. (2006). Moving forward: Ideas for research on school, family, and community partnerships. In Serlin, R. (Eds), *SAGE handbook for research in education: Engaging ideas and enriching inquiry* (pp. 117-138). Thousand Oaks: Sage.

Fan, X. (2001). Parental involvement and students' academic achievement: A growth modeling analysis. *The Journal of Experimental Education*, *70*(1), 27-61.

Fan, X., & Chen, M. (2001). Parental involvement and students' academic achievement: A meta-analysis. *Educational Psychology Review*, *13*(1), 1-22.

Ganzeboom, H., & Treinman, D. (1996). Internationally comparable measures of occupational status for the 1988 international standard classification of occupations. *Social Science Research*, *25*(3), 201-239.

Gill, S., & Reynolds, A. J. (1999). Educational expectations and school achievement of urban African American children. *Journal of School Psychology*, *37*(4), 403-424.

Goldenberg, C., Gallimore, R., Reese, L., & Garnier, H. (2001).

Cause or effect? A longitudinal study of immigrant Latino parents' aspirations and expectations, and their children's school performance. *American Educational Research Journal*, *38*(3), 547 – 582.

Goldenberg, C., Reese, L., & Gallimore, R. (1992). Effects of literacy materials from school on Latino children's home experiences and early reading achievement. *American Journal of Education*, *100* (4), 497 – 536.

Goldstein, H. (2011). *Multilevel statistical models*. London: John Wiley & Sons.

Goodman, L. A. (1974). Exploratory latent structure analysis using both identifiable and unidentifiable models. *Biometrika*, *61* (2): 215 – 231.

Goodall, J., & Montgomery, C. (2014). Parental involvement to parental engagement: A continuum. *Educational Review*, *66* (4), 399 – 410.

Good, T. L., Mulryan, C. M., & McCaslin, M. M. (1992). Grouping for instruction in mathematics: A call for programmatic research on small-group processes. In D. A. Grouws (Ed.), *Handbook of research on mathematics teaching and learning: A project of the National Council of Teachers of Mathematics* (pp. 165 – 196). New York, NY, England: Macmillan Publishing Co, Inc.

Gottfried, A. E. (1985). Academic intrinsic motivation in elementary and junior high school students. *Journal of Educational Psychology*, *77*

(6), 631 - 645.

Gottman, J. (2011). *Raising an emotionally intelligent child*. New York: Simon Schuster paperbacks.

Goyette, K., & Xie, Y. (1999). Educational expectations of Asian American youths: Determinants and ethnic differences. *Sociology of Education*, *72*(1), 22 - 36.

Graham, J. W. (2009). Missing data analysis: Making it work in the real world. *Annual Review of Psychology*, *60*, 549 - 576.

Graham, J. W., Cumsille, P. E., & Elek-Fisk, E. (2003). Methods for handling missing data. In I. B. Weiner (Ed.), *Handbook of psychology: Research methods in psychology* (Vol. 2, pp. 87 - 114). Hoboken, NJ: John Wiley & Sons Inc.

Grolnick, W. S., Kurowski, C. O., Dunlap, K. G., & Hevey, C. (2000). Parental resources and the transition to junior high. *Journal of Research on Adolescence*, *10*(4): 465 - 488.

Hallam, S. (2002). *Ability grouping in schools: A literature review*. London: Institute of Education, University of London.

Hallam, S., & Ireson, J. (2005). Secondary school teachers? Pedagogic practices when teaching mixed and structured ability classes. *Research Papers in Education*, *20*(1), 3 - 24.

Hallam, S., & Ireson, J. (2007). Secondary school pupils' satisfaction with their ability grouping placements. *British Educational Research Journal*, *33*(1), 27 - 45.

Hallam, S., Ireson, J., & Davies, J. (2002). *Effective pupil grouping in the primary school: A practical guide*. London: David Fulton.

Halle, T. G., Kurtz-Costes, B., & Mahoney, J. L. (1997). Family influences on school achievement in low-income, African American children. *Journal of Educational Psychology*, *89*(3), 527–537.

Hallinan, M. T., & Sorensen, A. B. (1987). Ability grouping and mathematics achievement. *Sociology of Education*, *60*(2), 63–67.

Hanushek, E. A., & Wößmann, L. (2006). Does educational tracking affect performance and inequality? Differences-in-differences evidence across countries. *The Economic Journal*, *116*(510), C63–C76.

Harris, J. R. (1995). Where is the child's environment? A group socialization theory of development. *Psychological Review*, *102*(3), 458–489.

Hart, B., & Risley, T. R. (1995). *Meaningful differences in the everyday experience of young American children*. Baltimore, MD: Paul H Brookes Publishing.

Hattie, J. (2009). *Visible learning: A synthesis of over 800 meta-analyses relating to achievement*. London; New York: Routledge.

Hauser, R. M. (1994). Measuring socioeconomic status in studies of child development. *Child Development*, *65*(6), 1541–1545.

Hauser, R. M., & Huang, M. H. (1997). *Verbal ability and socioeconomic success: A trend analysis*. Madison, Wis.: University of Wisconsin — Madison, Institute for Research on Poverty.

Hauser, R. M. , & Warren, J. R. (1997). Socioeconomic indexes for occupations: A review, update, and critique. *Sociological Methodology*, *27*(1), 177 - 298.

Heckman, J. J. (2008). Schools, skills, and synapses. *Economic Inquiry*, *46*(3), 289 - 324.

Hill, N. E. , & Tyson, D. F. (2009). Parental involvement in middle school: A meta-analytic assessment of the strategies that promote achievement. *Developmental Psychology*, *45*(3): 740 - 763.

Ho, S. , E. , & Willms, J. D. (1996). Effects of parental involvement on eighth-grade achievement. *Sociology of Education*, *69*, 126 - 141.

Hofferth, S. L. , & Phillips, D. A. (1991). Child care policy research. *Journal of Social Issues*, *47*(2), 1 - 14.

Hollingshead, A. B. (1975). Four factor index of social status (unpublished working paper). New Haven, CT Department of Sociology, Yale University.

Hoover-Dempsey, K. V. , & Sandler, H. M. (1995). Parental involvement in children's education: Why does it make a difference?. *Teachers College Record*, *97*(2): 310 - 331.

Hoover-Dempsey, K. V. , & Sandler, H. M. (1997). Why do parents become involved in their children's education?. *Review of Educational Research*, *67*(1), 3 - 42.

Houtte, M. V. (2004). Tracking effects on school achievement: A quantitative explanation in terms of the academic culture of school staff. *American Journal of Education*, *110*(4), 354 - 388.

Houtte, M. V. (2006). Tracking and teacher satisfaction: Role of study culture and trust. *The Journal of Educational Research*, *99* (4), 247 - 256.

Howell, R. D., Breivik, E., & Wilcox, J. B. (2007). Reconsidering formative measurement. *Psychological Methods*, *12* (*2*), 205 - 218.

ISCED (2011). International Standard Classification of Education. UNESCO Institute for Statistics. http: //www. uis. unesco. org/ Education/Documents/isced-2011-en. pdf

Jamshidian, M., & Bentler, P. M. (1999). ML estimation of mean and covariance structures with missing data using complete data routines. *Journal of Educational and behavioral Statistics*, *24* (1), 21 - 24.

Jeremy, B. (1974). *Friends of friends*: *Networks*, *manipulators and coalitions*. Oxford: Basil Blackwell.

Jeynes, W. H. (2002). *Divorce*, *family structure*, *and the academic success of children*. New York: Routledge.

Jeynes, W. H. (2003). A meta-analysis: The effects of parental involvement on minority children's academic achievement. *Education and urban society*, *35*(2): 202 - 218.

Jeynes, W. H. (2005). Parental involvement and student achievement: A meta-analysis. *Family Involvement Research Digest*, *9*: 241 - 273.

Jeynes, W. H. (2007). The relationship between parental involvement and urban secondary school student academic achievement: A meta-analysis. *Urban education*, *42*(1): 82 - 110.

Jeynes, W. H. (2012). A meta-analysis of the efficacy of different types of parental involvement programs for urban students. *Urban education*, *47*(4), 706 - 742.

Jordan, N. C., Huttenlocher, J., & Levine, S. C. (1992). Differential calculation abilities in young children from middle-and low-income families. *Developmental Psychology*, *28*(4), 644 - 653.

Jöreskog, K. G., & Sörbom, D. (2006). *LISREL 8.80*. Chicago: Scientific Software International.

Kahlenberg, R. D. (2003). *All together now: Creating middle-class schools through public school*. Washington, DC: Brookings Institution.

Kandel, D. B. (1978). Homophily, selection, and socialization in adolescent friendships. *The American Journal of Sociology*, *84*(2), 427 - 436.

Kang, C. (2007). Classroom peer effects and academic achievement: Quasi-randomization evidence from South Korea. *Journal of Urban Economics*, *61*(3), 458 - 495.

Keith, T. Z., Keith, P. B., Quirk, K. J., Cohen-Rosenthal, E., & Franzese, B. (1996). Effects of parental involvement on achievement for students who attend school in rural America. *Journal of Research in Rural Education*, *12*(2), 55 - 67.

Keith, T. Z., Keith, P. B., Quirk, K. J., Sperduto, J., Santillo, S., & Killings, S. (1998). Longitudinal effects of parent involvement on high school grades: Similarities and differences across gender and ethnic groups. *Journal of School Psychology*, *36*(3), 335–363.

Kilbourne, B. England, P., & Beron, K. (1994). Effects of individual, occupational, and industrial characteristics on earnings: intersections of race and gender. *Social Forces*, *72* (4), 1149–1176.

Kilburn, J. (1993). *I'm so happy to have educated friends: Using network characteristics to predict individual's circumstances and beliefs*. Paper presented at the 1993 International Sunbelt Network Conference, Tampa, Florida.

Kindermann, T. A. (1993). Natural peer groups as contexts for individual development: The case of children's motivation in school. *Developmental Psychology*, *29*(6), 970–977.

Klebanov, P. K., Brooks-Gunn, J., McCarton, C., & McCormick, M. C. (1998). The contribution of neighborhood and family income to developmental test scores over the first three years of life. *Child Development*, *69*(5), 1420–1436.

Kohn, M. L., & Schooler, C. (1983). *Work and personality: An inquiry into the impact of social stratification*. Norwood, NJ: Ablex Press.

Korenman, S., Miller, J. E., & Sjaastad, J. E. (1995). Long-term poverty and child development in the United States: Results from the NLSY. *Children and Youth Services Review*, *17*(1-2), 127-155.

Kulik, C. L. C., & Kulik, J. A. (1982). Effects of ability grouping on secondary school students: A meta-analysis of evaluation findings. *American Educational Research Journal*, *19*(3), 415-428.

Kulik, J. A., & Kulik, C. L. C. (1987). Effects of ability grouping on student achievement. *Equity and Excellence*, *23*(1-2), 22-30.

Lan, R. J., Chang, K. E., & Sung, Y. T. (2004). *A reading teaching approach for EFL beginners' reading skills development*. Paper presented at the International Conference on Education and Information.

Lareau, A. (1987). Social class differences in family-school relationships: The importance of cultural capital. *Sociology of education*, 60 (2): 73-85.

Lareau, A. (2003). *Unequal childhoods: Class, race, and family life*. Berkeley: University of California Press.

Lee, J. S., & Bowen, N. K. (2006). Parent involvement, cultural capital, and the achievement gap among elementary school children. *American Educational Research Journal*, *43*(2), 193-218.

Leventhal, T., & Brooks-Gunn, J. (2000). The neighborhoods they live in: The effects of neighborhood residence on child and adolescent outcomes. *Psychological Bulletin*, *126*(2), 309-337.

Lin, N., & Xie, W. (1988). Occupational prestige in Urban China. *American Journal of Sociology*, *93* (4), 793-832.

Little, R. J., & Rubin, D. B. (1989). The analysis of social science data with missing values. *Sociological Methods & Research*, *18* (2-3), 292-326.

Longfellow, C., Zelkowitz, P., Saunders, E., & Belle, D. (1979). *The role of support in moderating the effects of stress and depression*. Paper presented at the Biennial meeting of the Society for Research in Child Development.

Luyten, H., & van der Hoeven-van Doornum, A. (1995). Classroom Composition and Individual Achievement: Effects of Classroom Composition and Teacher Goals in Dutch Elementary Education. *Tijdschrift voor Onderwijs Research*, *20*(1), 42-62.

Magnuson, K. A., & Duncan, G. J. (2005). Can family socioeconomic resources account for racial and ethnic test score gaps? *The Future of Children*, *15*(1), 35-54.

Mattingly, D. J., Prislin, R., McKenzie, T. L., Rodriguez, J. L., & Kayzar, B. (2002). Evaluating evaluations: The case of parent involvement programs. *Review of Educational Research*, *72* (4): 549-576.

Marsh, H. W. (1987). The big-fish-little-pond effect on academic self-concept. *Journal of Educational Psychology*, *79*(3), 280-295.

Marsh, H. W. (1990). A multidimensional, hierarchical model of self-concept: Theoretical and empirical justification. *Educational Psychology Review*, *2*(2), 77-172.

Marsh, H. W., & Craven, R. (2002). The pivotal role of frames of reference in academic self-concept formation: The big-fish-little-pond effect. In F. Pajares & T. Urdan (Eds.), *Adolescence and Education* (Vol. 2, pp. 83 - 123). Greenwich, CT: Information Age.

Marsh, H. W., & Hau, K. T. (2003). Big-Fish-Little-Pond effect on academic self-concept: A cross-cultural (26 - country) test of the negative effects of academically selective schools. *American Psychologist*, *58*(5), 364.

May, H. (2006). A multilevel Bayesian Item Response Theory method for scaling socioeconomic status in international studies of Education. *Journal of Educational and Behavioral Statistics*, *31* (*1*), 63 - 79.

Mayer, S. E. (1997). *What money can't buy: Family income and children's life chances*. Cambridge, Mass.: Harvard University Press.

Mayer, S. E., & Jencks, C. (1989). Growing up in poor neighborhoods: how much does it matter. *Science*, *243* (*4897*), 1441 - 1445.

McCoach, D. B., O' Connell, A. A., Reis, S. M., & Levitt, H. (2006). Growing readers: A hierarchical linear model of children's reading growth over the first two years of school. *Journal of Educational Psychology*, *98*, 14 - 18.

McEwan, P. J. (2000). The potential impact of large-scale voucher programs. *Review of Educational Research*, *70*(2), 103 - 149.

McEwan, P. J. (2003). Peer effects on student achievement: Evidence from Chile. *Economics of Education Review*, *22*(2), 131 - 141.

McLeod, J. D., & Shanahan, M. J. (1993). Poverty, parenting, and children's mental health. *American Sociological Review*, *58* (3), 351 - 366.

McLoyd, V. C. (1998). Socioeconomic disadvantage and child development. *American Psychologist*, *53*(2), 185 - 204.

McPherson, M., Smith-Lovin, L., & Cook, J. M. (2001). Birds of a feather: Homophily in social networks. *Annual review of sociology*, *27*(1), 415 - 444.

Menaghan, E. G., & Parcel, T. L. (1991). Determining children's home environments: The impact of maternal characteristics and current occupational and family conditions. *Journal of marriage and the family*, *53* (*2*), 417 - 431.

Morrow V. (1999). Conceptualizing social capital in relation to the well-being of children and young people: a critical review. *Sociological Review*, *47*, 744 - 765.

Mooij, T., & Driessen, G. (2008). Differential ability and attainment in language and arithmetic of Dutch primary school pupils. *British Journal of Educational Psychology*, *78*(3), 491 - 506.

Morrison, G. S. (1978). *Parent involvement in the home*, *school*, and community. Columbus Ohio: Merrill Pub Co.

Mueller, C. W., & Parcel, T. L. (1981). Measures of socioeconomic status: Alternatives and recommendations. *Child Development*, *52*

(1), 13 - 30.

Muijs, D., & Dunne, M. (2010). Setting by ability-or is it? A quantitative study of determinants of set placement in English secondary schools. *Educational Research*, *52*(4), 391 - 407.

Muthén, B., Kaplan, D., & Hollis, M. (1987). On structural equation modeling with data that are not missing completely at random. *Psychometrika*, *52* (3), 431 - 462.

Muthén, B. O., & Muthén, L. K. (2006). *Mplus* (*version 4.2*) [*Computer software*]. Los Angeles, CA: Muthén & Muthén.

Muthén L. K., & Muthén B. O. . Mplus User's Guide. Los Angeles CA: Muthen Muthen, 1998 - 2012.

Nahapiet, J., & Ghoshal, S. (1998). Social capital, intellectual capital, and the organizational advantage. *Academy of manage-ment review*, *23*(2), 242 - 266.

Nakao, K., & Treas, J. (1992). *The 1989 socioeconomic index of occupations*: *Construction from the 1989 occupational prestige scores* (*General Social Survey Methodological Report No. 74*). Chicago: University of Chicago, National Opinion Research Center.

Neihart, M. (2007). The socioaffective impact of acceleration and ability grouping. *Gifted Child Quarterly*, *51*(4), 330 - 341.

Neumann, M., Schnyder, I., Trautwein, U., Niggli, A., Ludtke, O., & Cathomas, R. (2007). School types as differential learning environments: Institutional and compositional effects on achievement gains in French as a foreign language. *Zeitschrift fur Erziehungswissenschaft 10*, 399 – 420.

Ninio, A. (1980). Picture-book reading in mother-infant dyads belonging to two subgroups in Israel. *Child Development*, *51*(2), 587 – 590.

Oakes, J. (1985). *Keeping track: How schools structure inequality*. New Haven, CT: Yale University Press.

OFSTED. (2001). ICT in schools: the impact of government initiatives. An Interim Report April 2001. Office for Standards in Education, London.

Otto, L. B. (1975). Class and status in family research. *Journal of Marriage and the Family*, *37* (2), 315 – 332.

Otto, L. B., & Atkinson, M. P. (1997). Parental involvement and adolescent development. *Journal of Adolescent Research*, *12*(1), 68 – 89.

Organisation for Economic Co-Operation and Development (OECD) (2002), *Know ledge and Skills for Life: First Results from PISA 2000*. Paris.

Opdenakker, M. C., & Van Damme, J. (2001). Relationship between school composition and characteristics of school process and their effect on mathematics achievement. *British Educational Research Journal*, *27*(4), 407 – 432.

Ostrove, J. M., Feldman, P., & Adler, N. E. (1999). Relations among socioeconomic status indicators and health for African-Americans and

Whites. *Journal of Health Psychology*, 4(4), 451.

Patall, E. A., Cooper, H., & Robinson, J. C. (2008). Parent involvement in homework: A research synthesis. *Review of Educational Research*, *78*(4): 1039 - 1101.

Paulson, S. E. (1994). Relations of parenting style and parental involvement with ninth-grade students' achievement. *The Journal of Early Adolescence*, *14*(2): 250 - 267.

Peng, S. S., & Wright, D. (1994). Explanation of academic achievement of Asian American students. *The Journal of Educational Research*, *87*(6): 346 - 352.

Perry, L., & McConney, A. (2010). Does the SES of the school matter? An examination of socioeconomic status and student achievement using PISA 2003. *The Teachers College Record*, *112*(4), 1137 - 1162.

Powers, M. G. (1982). Measures of socioeconomic status: An introduction. In M. G. Powers (Ed.), *Measures of socioeconomic status* (pp. 1 - 28). Boulder, CO: Westview.

Preckel, F., Gotz, T., & Frenzel, A. (2010). Ability grouping of gifted students: Effects on academic self-concept and boredom. *British Journal of Educational Psychology*, *80*(3), 451 - 472.

Ramey, C. T., & Ramey, S. L. (1998). Early intervention and early experience. *American Psychologist*, *53*(2), 109 - 120.

Raudenbush, S. W., & Bryke, A. S. (2002). *Hierarchical linear models: Applications and data analysis methods*. Thousand Oaks: Sage Publications.

Resh, N., & Dar, Y. (1992). Learning segregation in junior high-schools in Israel: Causes and consequences. *School Effectiveness and School Improvement*, *3*(4), 272 - 292.

Rumberger, R. W., & Palardy, G. J. (2005). Test scores, dropout rates, and transfer rates as alternative indicators of high school performance. *American Educational Research Journal*, *42*(1), 3 - 42

Rumberger, R. W., & Willms, J. D. (1992). The impact of racial and ethnic segregation on the achievement gap in California high schools. *Educational Evaluation and Policy Analysis*, *14*(4), 377 - 396.

Saleh, M., Lazonder, A. W., & de Jong, T. (2005). Effects of within-class ability grouping on social interaction, achievement, and motivation. *Instructional Science*, *33*(2), 105 - 119.

Saleh, M., Lazonder, A. W., & de Jong, T. (2007). Structuring collaboration in mixed-ability groups to promote verbal interaction, learning, and motivation of average-ability students. *Contemporary Educational Psychology*, *32*(3), 314 - 331.

Santiago, K., Lukas, J. F., Joaristi, L., Lizasoain, L., & Moyano, N. (2008). A longitudinal study of academic achievement in Spanish: The effect of linguistic models. *Language Culture and Curriculum*, *21*(1), 48 - 58.

Sampson, R. J., & Morenoff, J. D. (1997). Ecological perspectives on the neighborhood context of urban poverty: Past and present. In J. Brooks-Gunn, G. J. Duncan & J. L. Aber (Eds.), *Neighborhood Poverty* (Vol. 2, pp. 1–22). New York: Russell Sage Foundation.

Sampson, R. J., Raudenbush, S. W., & Earls, F. (1997). Neighborhoods and violent crime: A multilevel study of collective efficacy. *Science*, *277*(5328), 918.

Scarborough, H. S., & Dobrich, W. (1994). On the efficacy of reading to preschoolers. *Developmental Review*, *14*(3), 245–302.

Scarr, S. (1998). American child care today. *American Psychologist*, *53*(2), 95–108.

Schafer, J. L. (1997). *Analysis of incomplete multivariate data*. New York: Chapman & Hall/CRC.

Schafer, J. L. (2001). Multiple imputation with PAN. In L. M. Collins & A. G. Sayer (Eds.), *New methods for the analysis of change* (pp. 357–377). Washington, DC: American Psychological Association.

Schnepf, S. V. (2003). *Inequalities in secondary school attendance in Germany*. Southampton, UK, Southampton Statistical Sciences Research Institute.

Searle, S. R., Casella, G., & McCulloch, C. E. (1992). *Variance Components*. New York; Chichester: Wiley.

Secada, W. G. (1992). Race, ethnicity, social class, language, and achievement in mathematics. In D. A. Grouws (Ed.), *Handbook of research on mathematics teaching and learning* (pp. 623–660). New

York: Macmillan.

Sénéchal, M., & LeFevre, J. A. (2002). Parental involvement in the development of children's reading skill: A five year longitudinal study. *Child Development*, *73*(2), 445 - 460.

Sénéchal, M., LeFevre, J. A., Thomas, E., & Daley, K. (1998). Differential effects of home literacy experiences on the development of oral and written language. *Reading Research Quarterly*, *33*(1), 96 - 116.

Sénéchal, M., & Young, L. (2008). The effect of family literacy interventions on children's acquisition of reading from kindergarten to grade 3: A meta-analytic review. *Review of Educational Research*, *78*(4), 880 - 907.

Shin, Y., & Raudenbush, S. W. (2010). A latent cluster-mean approach to the contextual effects model with missing data. *Journal of Educational and Behavioral Statistics*, *35*(1), 26 - 53.

Shonkoff, J. P., & Phillips, D. (2000). *From neurons to neighborhoods: The science of early childhood development*. Washington, D.C.: National Academies Press.

Shumow, L., & Miller, J. D. (2001). Parents' at-home and at-school academic involvement with young adolescents. *The Journal of Early Adolescence*, *21*(1), 68 - 91.

Siegel, P. M. (*1971*). *Prestige in the American Occupational Structure*, unpublished Ph. D. dissertation.

Singh, K., Bickley, P. G., Trivette, P., & Keith, T. Z. (1995). The effects of four components of parental involvement on eighth-grade student achievement: Structural analysis of NELS-88 data. *School Psychology Review*, *24*(2), 299 - 317.

Sinharay, S., Stern, H. S., & Russell, D. (2001). The use of multiple imputation for the analysis of missing data. *Psychological Methods*, *6*(4), 317 - 329.

Sirin, S. R. (2005). Socioeconomic status and academic achievement: A meta-analytic review of research. *Review of Educational Research*, *75*(3), 417 - 453.

Slavin, R. E. (1987). Ability grouping and student achievement in elementary schools: A best-evidence synthesis. *Review of Educational Research*, *57*(3), 293 - 336.

Slavin, R. E. (1990). Achievement Effects of Ability Grouping in Secondary Schools: A Best-Evidence Synthesis. *Review of Educational Research*, *60*(3), 471 - 499.

Smith, J. R., Brooks-Gunn, J., & Klebanov, P. K. (1997). Consequences of living in poverty for young children's cognitive and verbal ability and early school achievement. In G. Duncan & J. Brooks-Gunn (Eds.), *Consequences of growing up poor* (pp. 132 - 189). New York: Russell Sage Foundation.

Starkey, P., & Klein, A. (1992). Economic and cultural influence on early mathematical development. In F. L. Parker, R. Robinson, S. Sombrano, C. Piotrowski, J. Hagen, S. Randolph & A. Baker

(Eds.), *New directions in child and family research: Shaping Head Start in the nineties* (pp. 440 - 443). New York: National Council of Jewish Women.

Steele, C. M., & Aronson, J. (1995). Stereotype threat and the intellectual test performance of African Americans. *Journal of Personality and Social Psychology*, *69*(5), 797 - 811.

Sukhnandan, L., & Lee, B. (1998). *Streaming, setting and grouping by ability: A review of the literature*. Slough: NFER.

Tanner, M. A., & Wong, W. H. (1987). The calculation of posterior distributions by data augmentation. *Journal of the American Statistical Association*, *82*(398), 528 - 540.

Teachman, J. D. (1987). Family background, educational resources, and educational attainment. *American Sociological Review*, *52*(4), 548 - 557.

Toren, N. K. (2013). Multiple dimensions of parental involvement and its links to young adolescent self-evaluation and academic achievement. *Psychology in the Schools*, *50* (6): 634 - 649.

Tourangeau, K., Nord, C., Lê, T., Sorongon, A. G., & Najarian, M. (2009). *Early childhood longitudinal study, kindergarten class of 1998 - 1999 (ECLS-K), combined user's manual for the ECLS-K eighth-grade and K - 8 full sample data files and electronic codebooks (NCES 2009 - 2004)*. National Center for Education Statistics, Institute of Education Sciences, US Department of Education.

Washington, DC.

Tourangeau, K. , Nord, C. , Le, T. , Pollack, J. M. , Atkins-Burnett, S. , & Hausken, E. G. (2006). *Early Childhood Longitudinal Study, Kindergarten Class of 1998 – 1999 (ECLS-K), Combined User's Manual for the ECLS-K Fifth-Grade Data Files and Electronic Codebooks.* Washington, DC: National Center for Education Statistics & US Department of Education Institute of Education Sciences.

Trautwein, U. , Lutke, O. , Marsh, H. W. , Koller, O. , & Baumert, J. (2006). Tracking, grading, and student motivation: Using group composition and status to predict self-concept and interest in ninth-grade mathematics. *Journal of Educational Psychology*, *98* (4), 788 – 806.

Treiman, D. J. (1977). Occupational Prestige in Comparative Perspective. New York: *Academic Press*.

Tsang, W. K. (1992). *The class structure in Hong Kong*. Hong Kong: Hong Kong Institute of Asia-Pacific Studies, The Chinese University of Hong Kong.

Vyas, S. , & Kumaranayake, L. (2006). Constructing socio-economic status indices: how to use principal components analysis. *Health Policy Plan*, *21* (*6*), 459 – 468.

Walpole, M. B. (2003). Socioeconomic status and college: How SES affects college experiences and outcomes. *The Review of Higher*

Education, *27*(1), 45 - 73.

Warner, M. (1960). *Eels, social class in America*. New York, Harper and Row.

Webb, N. M. (1982a). Peer interaction and learning in cooperative small groups. *Journal of Educational Psychology*, *74*(5), 642 - 655.

Webb, N. M. (1982b). Student interaction and learning in small groups. *Review of Educational Research*, *52*(3), 421 - 445.

Webb, N. M. (1984). Microcomputer learning in small groups: Cognitive requirements and group processes. *Journal of Educational Psychology*, *76*(6), 1076 - 1088.

Weiser, D. A., & Riggio, H. R. (2010). Family background and academic achievement: Does self-efficacy mediate outcomes? *Social Psychology of Education*, *13*(3), 367 - 383.

White, K. R. (1982). The relation between socioeconomic status and academic achievement. *Psychological Bulletin*, *91*(3), 461 - 481.

White, S. B., Reynolds, P. D., Thomas, M. M., & Gitzlaff, N. J. (1993). Socioeconomic status and achievement revisited. *Urban Education*, *28*(3), 328 - 343.

Wilder, S. (2014). Effects of parental involvement on academic achievement: a meta-synthesis. *Educational Review*, *66*(3): 377 - 397.

Yap, K. O., & Enoki, D. (1995). In search of the elusive magic bullet: Parental involvement and student outcomes. *The School Community Journal*, *5*: 97 - 106.

Yeung, W. J., Linver, M. R., & Brooks-Gunn, J. (2002). How money matters for young children's development: Parental investment and family processes. *Child Development*, *73*(6), 1861-1879.

Yoo, J. E. (2009). The effect of auxiliary variables and multiple imputation on parameter estimation in confirmatory factor analysis. *Educational and Psychological Measurement*, *69*(6), 929-947.

边玉芳，梁丽婵，张颖（2016）. 充分重视家庭对儿童心理发展的重要作用. 北京师范大学学报（社会科学版），257（5），46—54.

何瑞珠（1998）. 家长参与子女教育：文化资本与社会资本的阐释. 香港教育学报，26（2）：233—261.

李春玲（2005）. 当代中国社会的声望分层——职业声望与社会经济地位指数测量. 社会学研究，2，74—102.

任春荣（2010）. 学生家庭社会经济地位（SES）的测量技术. 教育学报，6（5），77—82.

许欣欣（2000）. 从职业评价与择业取向看中国社会结构变迁. 社会学研究，3（9），67—85.

王文中（2004）. Rasch测量理论与其在教育和心理之应用. 教育与心理研究，27（4），637—694.

佐藤学（2003）. 课程与教师. 钟启泉，译. 北京：教育科学出版社.

附录 A

学生阅读能力的 10 个测量水平（Tourangeau et al.，2009）

NO.	Reading Proficiency Level	Explanation
1	Letter knowledge	Identifying upper- and lower-case letters of the alphabet by name;
2	Beginning Sounds	Associating letters with sounds at the beginning of words;
3	Ending Sounds	Associating letters with sounds at the end of words;
4	Sight Words	Recognizing common "sight" words;
5	Words in Context	Reading words in context;
6	Literal Inference	Making inferences using cues that were directly stated with key words in text;
7	Extrapolation	Identifying clues used to make inferences;
8	Evaluation	Demonstrating understanding of author's craft and making connections between a problem in the narrative and similar life problems;
9	Evaluating Nonfiction	Comprehension of biographical and expository text;
10	Evaluating Complex Syntax	Evaluating complex syntax and understanding high-level vocabulary.

附录 B

学生数学能力的 9 个测量水平（Tourangeau et al.，2009）

NO.	Mathematics	
	Proficiency Level	Explanation
1	Number and Shape	Identifying some one-digit numerals, recognizing geometric shapes, and one-to-one counting up to 10 objects;
2	Relative Size	Reading all one-digit numerals, counting beyond 10, recognizing a sequence of patterns, and using nonstandard units of length to compare the size of objects;
3	Ordinality and Sequence	Reading two-digit numerals, recognizing the next number in a sequence, identifying the ordinal position of an object, and solving a simple word problem;
4	Addition and Subtraction	Solving simple addition and subtraction problems;
5	Multiplication and Division	Solving simple multiplication and division problems and recognizing more complex number patterns;
6	Place Value	Demonstrating understanding of place value in integers to hundreds' place;
7	Rate and Measurement	Using knowledge of measurement and rate to solve word problems;
8	Fractions	Solving problems using fractions;
9	Area and Volume	Solving word problems involving area and volume.

附录 C

父母的教育水平、家庭收入的编码（Tourangeau et al., 2009）

Coding No.	Parents' Education	Family Income
1	8th grade or below,	$ 5 000 or less
2	9th to 12th grades,	$ 5 001 to $ 10 000
3	High school diploma/equivalent,	$ 10 001 to $ 15 000
4	Voc/tech program,	$ 15 001 to $ 20 000
5	Some college,	$ 20 001 to $ 25 000
6	Bachelor's degree,	$ 25 001 to $ 30 000
7	Graduate/professional school/no degree	$ 30 001 to $ 35 000
8	Master's degree,	$ 35 001 to $ 40 000
9	Doctorate or professional degree	$ 40 001 to $ 50 000
10		$ 50 001 to $ 75 000
11		$ 75 001 to $ 100 000
12		$ 100 001 to $ 200 000
13		$ 200 001 or more

附录 D

父母的职业及编码（Tourangeau et al.，2009）

Coding No.	Parents' Occupation
1	Executive, Administrative, and Managerial Occupations
2	Engineers, Surveyors, and Architects
3	Natural Scientists and Mathematicians
4	Social Scientists, Social Workers, Religious Workers, and Lawyers
5	Teachers: College, University, and Other Postsecondary Institution; Counselors, Librarians, and Archivists
6	Teachers, except Postsecondary Institution
7	Physicians, Dentists, and Veterinarians
8	Registered Nurses, Pharmacists, Dieticians, Therapists, and Physician's Assistants
9	Writers, Artists, Entertainers, and Athletes
10	Health Technologists and Technicians
11	Technologists and Technicians, except Health
12	Marketing and Sales Occupations
13	Administrative Support Occupations, including Clerks
14	Service Occupations
15	Parents' Occupation
16	Mechanics and Repairers
17	Construction and Extractive Occupations
18	Precision Production Occupations
19	Production Working Occupations
20	Transportation and Material Moving Occupations
21	Handlers, Equipment Cleaners, Helpers, and Laborers
22	Unemployed, Retired, Disabled, or Unclassified Workers